乡村振兴齐鲁样板烟台篇章

烟台市乡村振兴
蓝皮书

2020

常 亮 林嘉新 王艳火 等 编著

烟台市·中国社科院农村发展研究中心
山东工商学院山东特色乡村振兴战略研究创新团队 组编

中国农业出版社
北 京

乡村振兴战略是 2017 年 10 月 18 日习近平总书记在党的十九大报告中提出的国家长期战略。乡村振兴战略不仅是党和国家"三农"制度的"集大成者",而且是基于对发展理念、城乡关系、人与自然的关系、人与人的关系、传统文化与当代文化关系的全面反思之后,做出的综合性、全局性、革命性和战略性的关于国家和民族发展方向的顶层设计。习近平总书记强调"农业农村农民问题是关系国计民生的根本性问题,必须始终把解决好'三农'问题作为全党工作的重中之重,实施乡村振兴战略"。

烟台是农业大市和农业强市,县域经济发达,城乡发展相对均衡,农业三产融合发展产值总量大,占比高。烟台有 154 个乡(镇、街道)、6 643 个行政村、471 万乡村常住人口,农村劳动力 280 万人。烟台地处山东半岛东部,濒临黄海、渤海、依山傍海、四季分明。特殊的地理位置、无与伦比的自然条件,使得烟台有着丰富的农业资源,成为中国北方著名的名优农产品生产基地。拥有 500 平方米以上的近岸岛屿 72 个,海岸线 1 038 公里,是海洋生物重要的产卵场、索饵场和洄游通道。近海渔业生物品种有 200 多个,有捕捞价值的 100 余种,盛产海参、对虾、鲍鱼、扇贝等多种海珍品,是全国重要的渔业基地。烟台大樱桃、莱阳梨、莱州梭子蟹等 45 类产品获注国家地理标志证明商标。烟台葡萄酒、烟台苹果、烟台海参、烟台鲍鱼、烟台绿茶等 13 个特色农产品成为"国家地理标志保护产品"。烟台黑猪、五龙鹅、牙山黑绒山羊 3 个地方畜禽品种列入中国地方畜禽品种资源志。

党的十九大以来,烟台以习近平新时代中国特色社会主义思想为指导,认真贯彻落实党中央和国务院关于"三农"工作的部署要求,立足农业大市实际，积极实施乡村振兴战略，推动乡村产业振兴、人才振兴、文化振兴、生态振兴、组织振兴，推进乡村振兴与脱贫攻坚有效衔接，取得了积极成效，探索了先进经验模式，保持了农业农村持续稳定和健康发展的良好势头，初步构建了乡村振兴的制度框架和政策体系，实现了乡村振兴战略规划实施的持续推进和考核达标。

《烟台市乡村振兴蓝皮书2020》是烟台市·中国社科院农村发展研究中心和山东工商学院山东特色乡村振兴战略研究创新团队联合开展的烟台市乡村振兴战略绩效评价重点课题成果，旨在对烟台市乡村振兴战略实施情况进行连续年度评价，准确客观全面地展现烟台市乡村振兴战略实施的全貌。全书包括总报告、专题报告、专项报告、区县经验和村镇案例五个部分，总结了烟台推进乡村振兴进展情况，分析了烟台乡村振兴总体态势，展示了烟台各区县和镇村基层探索典型实践，对重点领域的重点工作也进行了梳理和总结，既有对当前发展阶段的描述，也有对存在问题的分析和未来发展的建议。本书以蓝皮书的形式编著，旨在向社会各界介绍烟台市乡村振兴战略的推进情况，为各级党委和政府以及有关部门实施乡村振兴战略提供重要的决策参考。

本书在编著过程中得到了烟台市农业农村局、各县市区农业农村局和许多镇村领导的大力支持和积极配合，得到了有关部门和专家学者以及各界人士的指导和帮助，在此诚挚表示感谢！由于时间仓促、资料收集整理和数据核实难度大，水平有限，书中难免存在漏洞和不足，恳请广大读者批评指正。

编 者

2021 年 7 月 1 日

目 录 CONTENTS

烟台市乡村振兴蓝皮书 2020

Ⅳ 区县经验

烟台市所辖区县乡村振兴典型经验

Ⅴ 镇村案例

烟台市典型村镇乡村振兴发展模式

I 总报告 PART ONE

鲜美烟台的乡村振兴特色路径

蓬莱市上营 2 000 亩有机葡萄园
（烟台市农业农村局供图）

实施乡村振兴战略，是烟台推进"三农"发展的总抓手。走出鲜美烟台的乡村振兴特色路径，是建设"仙境海岸·鲜美烟台"新时代现代化强市新征程中的重要篇章。

一、乡村振兴与建设鲜美烟台的战略关联

乡村振兴战略是习近平总书记 2017 年在党的十九大报告中提出的综合性、全局性、革命性和战略性的关于国家和民族发展方向的顶层设计。2018 年 3 月，在参加十三届全国人大一次会议山东代表团审议时，习近平总书记把打造乡村振兴齐鲁样板的重任交给山东。2019 年 6 月，山东省委农业农村委员会做出了"开展乡村振兴齐鲁样板示范区创建"的重大决策，吹响了全面推进乡村振兴战略实施的冲锋号。

2018 年 8 月，烟台市委、市政府出台《烟台市乡村振兴战略规划（2018—2022 年）》，2019 年 12 月，烟台市委农业农村委员会发布《烟台市开展美丽乡村样板示范项目建设实施意见》，积极贯彻落实党中央和山东省委的重大决策，正在全力谱写乡村振兴齐鲁样板的烟台篇章。

2018 年 7 月 18 日上午，中共烟台市委对外宣传办公室、烟台市人民政府新闻办公室举行新闻发布会，宣布将"仙境海岸·鲜美烟台"作为烟台当前和今后一个时期的城市形象宣传语。《烟台市国民经济和社会发展第十四个五年规划和2035 年远景目标纲要》明确提出：展望二〇三五年，烟台市城市空间布局和规模结构明显优化，城市功能品质显著提升；绿色生产生活方式广泛形成，碳排放达峰后稳中有降，生态环境更加优美，率先建成美丽城市，基本建成充满活力的宜业宜居宜游城市。全域生态文明建设扎实推进，空气质量稳定保持国家二级标准，生态优先、绿色发展形成"烟台样板"。养马岛至三山岛滨海一带成为美丽风景线，建成更高水平的旅游名城、康养名城、食品名城和安全城市，"仙境海岸·鲜美烟台"享誉海内外。

实施乡村振兴战略，是有效解决全市人民日益增长的美好生活需要和发

展不平衡不充分之间矛盾的必然要求，是加快烟台市由农业大市跨越转变为农业强市的必由之路，是建设生态城市美丽烟台的现实要求，是构建新型城乡融合发展格局的迫切需要。对于实现烟台市"十四五"发展规划目标，加快建设制造业强市、海洋经济大市、宜业宜居宜游城市，奋力迈向现代化国际滨海城市，全面开创新时代现代化强市建设新局面，具有重大现实意义和深远历史意义。

▎ 二、实施乡村振兴战略的理论基础

（一）实施乡村振兴战略是关系全面建设社会主义现代化国家的全局性、历史性任务

没有农业农村现代化，就没有整个国家现代化。在现代化进程中，如何处理好工农关系、城乡关系，在一定程度上决定着现代化的成败。从世界各国现代化历史看，有的国家没有处理好工农关系、城乡关系，农业发展跟不上，农村发展跟不上，农产品供应不足，不能有效吸纳农村劳动力，大量失业农民涌向城市贫民窟，乡村和乡村经济走向凋敝，工业化和城镇化走入困境，甚至造成社会动荡，最终陷入"中等收入陷阱"。这里面更深层次的问题是领导体制和国家治理体制问题。我国作为中国共产党领导的社会主义国家，有能力、有条件处理好工农关系、城乡关系，顺利推进我国社会主义现代化进程。

当前，我国正处于正确处理工农关系、城乡关系的历史关口。新中国成立后，在当时的历史条件和国际环境下，我们自力更生，依靠农业农村支持，在一穷二白的基础上推进工业化，建立起比较完整的工业体系和国民经济体系。改革开放以来，我们依靠农村劳动力、土地、资金等要素，快速推进工业化、城镇化，城镇面貌发生了翻天覆地的变化。我国广大农民为推进工业化、城镇化作出了巨大贡献。在这个过程中，农业发展和农村建设也取得了显著成就，为我国改革开放和社会主义现代化建设打下了坚实基础。

长期以来，我们对工农关系、城乡关系的把握是完全正确的，也是富有

成效的。这些年，我国农业连年丰产，农民连年增收，农村总体和谐稳定。特别是几亿农民工在城乡之间长时间、大范围有序有效转移，不仅没有带来社会动荡，而且成为经济社会发展的重要支撑。

同时，我们也要看到，同快速推进的工业化、城镇化相比，我国农业农村发展步伐还跟不上，"一条腿长、一条腿短"问题比较突出。我国发展最大的不平衡是城乡发展不平衡，最大的不充分是农村发展不充分。党的十八大以来，我们下决心调整工农关系、城乡关系，采取了一系列举措推动"工业反哺农业、城市支持农村"。党的十九大提出实施乡村振兴战略，就是为了从全局和战略高度来把握和处理工农关系、城乡关系。

在现代化进程中，城的比重上升，乡的比重下降，是客观规律，但在我国拥有 14 亿多人口的国情下，不管工业化、城镇化进展到哪一步，农业都要发展，乡村都不会消亡，城乡将长期共生并存，这也是客观规律。即便我国城镇化率达到 70%，农村仍将有 4 亿多人口。如果在现代化进程中把农村 4 亿多人落下，到头来"一边是繁荣的城市、一边是凋敝的农村"，这不符合我们党的执政宗旨，也不符合社会主义的本质要求。这样的现代化是不可能取得成功的！40 年前，我们通过农村改革拉开了改革开放大幕。40 年后的今天，我们应该通过振兴乡村，开启城乡融合发展和现代化建设新局面。

（二）实施乡村振兴战略是"五位一体"总体布局、"四个全面"战略布局在"三农"工作的具体落实

党的十九大报告对乡村振兴战略进行了概括，提出要坚持农业农村优先发展，按照产业兴旺、生态宜居、乡风文明、治理有效、生活富裕的总要求，建立健全城乡融合发展体制机制和政策体系，加快推进农业农村现代化。这其中，农业农村现代化是实施乡村振兴战略的总目标，坚持农业农村优先发展是总方针，产业兴旺、生态宜居、乡风文明、治理有效、生活富裕是总要求，建立健全城乡融合发展体制机制和政策体系是制度保障。

新时代"三农"工作必须围绕农业农村现代化这个总目标来推进。长期以来，为解决好吃饭问题，我们花了很大精力推进农业现代化，取得了长足进步。现在，全国主要农作物耕种收综合机械化水平已超过 65%，农业科技进步贡献率超过 60%，主要农产品人均占有量均超过世界平均水平，农产品供给极大丰富。相比较而言，农村在基础设施、公共服务、社会治理等方面差距较大。农村现代化既包括"物"的现代化，也包括"人"的现代化，还包括乡村治理体系和治理能力的现代化。我们要坚持农业现代化和农村现代化一体设计、一并推进，实现农业大国向农业强国跨越。

坚持农业农村优先发展的总方针，就是要始终把解决好"三农"问题作为全党工作重中之重。我们一直强调，对"三农"要多予少取放活，但实际工作中"三农"工作"说起来重要、干起来次要、忙起来不要"的问题还比较突出。我们要扭转这种倾向，在资金投入、要素配置、公共服务、干部配备等方面采取有力举措，加快补齐农业农村发展短板，不断缩小城乡差距，让农业成为有奔头的产业，让农民成为有吸引力的职业，让农村成为安居乐业的家园。

产业兴旺、生态宜居、乡风文明、治理有效、生活富裕，"二十个字"的总要求，反映了乡村振兴战略的丰富内涵。21 世纪初，我国刚刚实现总体小康，面临着全面建设小康社会的任务，我们党就提出了"生产发展、生活宽裕、乡风文明、村容整洁、管理民主"的社会主义新农村建设总要求，这在当时是符合实际的。现在，中国特色社会主义进入了新时代，社会主要矛盾、农业主要矛盾发生了很大变化，广大农民群众有更高的期待，需要对农业农村发展提出更高要求。产业兴旺，是解决农村一切问题的前提，从"生产发展"到"产业兴旺"，反映了农业农村经济适应市场需求变化、加快优化升级、促进产业融合的新要求。生态宜居，是乡村振兴的内在要求，从"村容整洁"到"生态宜居"反映了农村生态文明建设质的提升，体现了广大农民群众对建设美丽家园的追求。乡风文明，是乡村振兴的紧迫任务，重点是弘扬社会主义核心价值观，保护和传承农村优秀传统文化，加强农村公共文化建设，开展移风易俗，改善农民精神风貌，提高乡村社会文明程度。治理有效，是乡村振兴的重要保障，从"管理民主"到"治理有效"，是要推进乡村治理能力和治理水平现代化，让农村既充满活力又和谐有序。生活富裕，是乡村振兴的主要目的，从"生活宽裕"到"生活富裕"，反映了广大农民群众日益增长的美好生活需要。

由此可见，乡村振兴是包括产业振兴、人才振兴、文化振兴、生态振兴、组织振兴的全面振兴，是"五位一体"总体布局、"四个全面"战略布局在"三农"工作的体现。我们要统筹推进农村经济建设、政治建设、文化建设、社会建设、生态文明建设和党的建设，促进农业全面升级、农村全面进步、农民全面发展。

（三）实施乡村振兴战略是中国特色社会主义制度优越性和共同富裕本质属性的集中体现

实施乡村振兴战略，首先要按规律办事。在我们这样一个拥有 14 亿多人口的大国，实现乡村振兴是前无古人、后无来者的伟大创举，没有现成的、可照抄照搬的经验。我国乡村振兴道路怎么走，只能靠我们自己去探索。

我国人多地少矛盾十分突出，户均耕地规模仅相当于欧盟的 1/40、美国的 1/400。"人均一亩三分地、户均不过十亩田"，是我国许多地方农业的真实写照。这样的资源禀赋决定了我们不可能各地都像欧美那样搞大规模农业、大机械作业，多数地区要通过健全农业社会化服务体系，实现小规模农户和现代农业发展有机衔接。当前和今后一个时期，要突出抓好农民合作社和家庭农场两类农业经营主体发展，赋予双层经营体制新的内涵，不断提高农业经营效率。

我国农耕文明源远流长、博大精深，是中华优秀传统文化的根。我国很多村庄有几百年甚至上千年的历史，至今保持完整。很多风俗习惯、村规民约等具有深厚的优秀传统文化基因，至今仍然发挥着重要作用。要在实行自治和法治的同时，注重发挥好德治的作用，推动礼仪之邦、优秀传统文化和法治社会建设相辅相成。要继续进行这方面的探索和创新，并不断总结推广。

要把乡村振兴战略这篇大文章做好，必须走城乡融合发展之路。我们一开始就没有提城市化，而是提城镇化，目的就是促进城乡融合。要向改革要动力，加快建立健全城乡融合发展体制机制和政策体系。要健全多元投入保障机制，增加对农业农村基础设施建设投入，加快城乡基础设施互联互通，推动人才、土地、资本等要素在城乡间双向流动。要建立健全城乡基本公共服务均等化的体制机制，推动公共服务向农村延伸、社会事业向农村覆盖。要深化户籍制度改革，强化常住人口基本公共服务，维护进城落户农民的土地承包权、宅基地使用权、集体收益分配权，加快农业转移人口市民化。

打好脱贫攻坚战是实施乡村振兴战略的优先任务，精准扶贫是实现共同富裕之路上的有力举措。促进共同富裕，最艰巨最繁重的任务仍然在农村。要巩固拓展脱贫攻坚成果，对易返贫致贫人口要加强监测、及早干预，对脱贫县要扶上马送一程，确保不发生规模性返贫和新的致贫。要全面推进乡村振兴，加快农业产业化，盘活农村资产，增加农民财产性收入，使更多农村居民勤劳致富。要加强农村基础设施和公共服务体系建设，改善农村人居环境。

（四）实施乡村振兴战略是中国共产党"为中国人民谋幸福，为中华民族谋复兴"初心使命的政治实践

实施乡村振兴战略，各级党委和党组织必须加强领导，汇聚起全党上下、社会各方的强大力量。要把好乡村振兴战略的政治方向，坚持农村土地集体所有制性质，发展新型集体经济，走共同富裕道路。要充分发挥好乡村党组织的作用，把乡村党组织建设好，把领导班子建设强，弱的村要靠好的党支部带领打开局面，富的村要靠好的党支部带领再上一层楼。人才振兴是乡村振兴的基础，要创新乡村人才工作体制机制，充分激发乡村现有人才活力，把更多城市人才引向乡村创新创业。

在实施乡村振兴战略中要注意处理好以下关系：

第一，长期目标和短期目标的关系。实施乡村振兴战略是一项长期而艰巨的任务，要遵循乡村建设规律，着眼长远谋定而后动，坚持科学规划、注重质量、从容建设，聚焦阶段任务，找准突破口，排出优先序，一件事情接着一件事情办，一年接着一年干，久久为功，积小胜为大成。要有足够的历史耐心，把可能出现的各种问题想在前面，切忌贪大求快、刮风搞运动，防止走弯路、翻烧饼。

第二，顶层设计和基层探索的关系。党中央已经明确了乡村振兴的顶层设计，各地要解决好落地问题，制定出符合自身实际的实施方案。编制村庄规划不能简单照搬城镇规划，更不能搞一个模子套到底。要科学把握乡村的差异性，因村制宜，精准施策，打造各具特色的现代版"富春山居图"。要发挥亿万农民的主体作用和首创精神，调动他们的积极性、主动性、创造性，并善于总结基层的实践创造，不断完善顶层设计。

第三，充分发挥市场决定性作用和更好发挥政府作用的关系。要进一步解放思想，推进新一轮农村改革，从农业农村发展深层次矛盾出发，聚焦农民和土地的关系、农民和集体的关系、农民和市民的关系，推进农村产权明晰化、农村要素市场化、农业支持高效化、乡村治理现代化，提高组织化程度，激活乡村振兴内生动力。要以市场需求为导向，深化农业供给侧结构性改革，不断提高农业综合效益和竞争力。要优化农村创新创业环境，放开搞活农村经济，培育乡村发展新动能。要发挥政府在规划引导、政策支持、市场监管、法治保障等方面的积极作用。推进农村改革不可能一蹴而就，还可能会经历阵痛，甚至付出一些代价，但在方向问题上不能出大的偏差。农村改革不论怎么改，都不能把农村土地集体所有制改垮了、把耕地改少了、把粮食生产能力改弱了、把农民利益损害了。这些底线必须坚守，决不能犯颠覆性错误。

第四，增强群众获得感和适应发展阶段的关系。要围绕农民群众最关心最直接最现实的利益问题，加快补齐农村发展和民生短板，让亿万农民有更多实实在在的获得感、幸福感、安全感。要科学评估财政收支状况、集体经济实力和群众承受能力，合理确定投资规模、筹资渠道、负债水平，合理设定阶段性目标任务和工作重点，形成可持续发展的长效机制。要坚持尽力而为、量力而行，不能超越发展阶段，不能提脱离实际的目标，更不能搞形式主义和"形象工程"。

（五）实施乡村振兴战略是"新型城镇化""乡村全面振兴""城乡融合发展"发展转变的科学路径

新型城镇化是以城乡统筹、城乡一体、产业互动、节约集约、生态宜居、和谐发展为基本特征的城镇化，是大中小城市、小城镇、新型农村社区协调发展、互促共进的城镇化。新型城镇化的核心在于不以牺牲农业和粮食、生态和环境为代价，着眼农民，涵盖农村，实现城乡基础设施一体化和公共服务均等化，促进经济社会发展，实现共同富裕。新型城镇化的要求是不断提升城镇化建设的质量内涵。与传统提法比较，新型城镇化更强调内在质量的全面提升，也就是要推动城镇化由偏重数量规模增加向注重质量内涵提升转变。

新型城镇化与传统城镇化的最大不同，在于新型城镇化是以人为核心的城镇化，注重保护农民利益，与农业现代化相辅相成。新型城镇化不是简单的城市人口比例增加和规模扩张，而是强调在产业支撑、人居环境、社会保障、生活方式等方面实现由"乡"到"城"的转变，实现城乡统筹和可持续发展，最终实现"人的无差别发展"。要积极稳妥推进城镇化，合理调节各类城市人口规模，提高中小城市对人口的吸引能力，始终节约用地，保护生态环境；城镇化要发展，农业现代化和新农村建设也要发展，同步发展才能相得益彰，要推进城乡一体化发展。统筹"新四化"发展，需要平衡多方面关系。推进城镇化，核心是人的城镇化，关键是提高城镇化质量，目的是造福百姓和富裕农民。要走集约、节能、生态的新路子，着力提高内在承载力，不能人为"造城"，要实现产业发展和城镇建设融合，让农民工逐步融入城镇。要为农业现代化创造条件、提供市场，实现新型城镇化和农业现代化相辅相成。

党的十九届五中全会提出，"全面实施乡村振兴战略，强化以工补农、以城带乡，推动形成工农互促、城乡互补、协调发展、共同繁荣的新型工农城乡关系，加快农业农村现代化"。新时代的城镇化和乡村振兴是相辅相成、互相促进的，必须统筹规划、协同推进、融合发展。城乡融合发展战略是改革的深化和继续，是破解新时代社会主要矛盾的必然选择，是实现乡村振兴的重要突破口，是国家现代化的重要标志，有着深刻的国际、国内背景。以乡村振兴促进城乡融合发展，要牢牢抓住提高农业生产能力这一基础。实现乡村振兴，还要注重提高乡村生态文明建设水平，让农村成为安居乐业的家园。以乡村振兴促进城乡融合发展，要以乡村治理为基础，着力健全基层组织体系和治理体系。要以乡村治理为基础，为乡村振兴、城乡融合发展提供理论、制度和实践保障。

三、2020 年烟台市推进乡村振兴进展成效

2020 年是"十三五"收官之年，党的十九大以来，烟台市牢记总书记嘱托，把实施乡村振兴战略作为新时代"三农"工作的总抓手，聚焦聚力产业振兴、人才振兴、文化振兴、生态振兴、组织振兴，奋力谱写农业强、农村美、农民富的乡村振兴齐鲁样板的烟台篇章。到 2019 年，全市农林牧渔业增加值 585.74 亿元，比"十二五"末增长 28%。

（一）初步构建科学完整的乡村振兴政策框架体系

根据中共中央实施乡村振兴战略"三步走"时间表的要求，至 2020 年乡村振兴取得重要进展，制度框架和政策体系基本形成。烟台市按照中央的战略部署，经过 2018—2020 年的不懈努力，初步构建以《烟台市乡村振兴战略规划（2018—2022 年)》《关于推进乡村振兴战略的实施意见》《关于全面推进乡村振兴加快农业农村现代化的实施意见》《"十四五"时期全面推进乡村振

招远山东最大的雪龙黑牛养殖基地（烟台市农业农村局供图）

兴的重点任务和举措》等文件为统领，以《关于成立打造乡村振兴齐鲁样板五个专班抓好工作推进落实的通知》《烟台市乡村振兴齐鲁样板示范区创建意见》《烟台市开展美丽乡村样板示范项目建设实施意见》等文件为支撑，以《关于做好新发展阶段稳定粮食生产工作的实施意见（2021—2025年)》《关于加快推进苹果产业高质量发展的实施意见（2020—2022年)》《烟台市苹果产业高质量发展规划（2020—2025年)》《关于加快莱阳梨产业高质量发展的实施意见（2021—2025年)》等文件为拓展的乡村振兴战略制度框架和政策体系。围绕《规划》提出的发展目标，在全市层面建立了乡村振兴战略指标体系，部署了20项重大工程，推进了农村集体产权制度改革、农村基层组织建设和农村家庭经营承包土地流转等一系列深层次的改革。在区县层面，也陆续出台了关于实施乡村振兴战略的决定和战略规划，重点涉农乡镇和街道也先后出台了实施乡村振兴战略的方案，基本形成了市—区（县）—乡镇（街道）三级联动的，一个总体规划和多个专项规划或方案构成的"1+N"乡村振兴战略规划体系，科学构建了"乡村振兴齐鲁样板烟台篇章"的发展蓝图和战略格局。

（二）稳步提升粮食生产为核心的农业供给保障水平

2020年，烟台持续在提升粮食综合生产能力方面下功夫。卡实粮食生产责任制，千方百计稳定粮食种植面积，因地制宜扩大玉米、甘薯、大豆等粮食作物播种面积。新建高标准农田26万亩[①]、发展高效节水灌溉11万亩，共建成粮食核心示范区5万亩，辐射区50万亩。粮食总产达到174.7万吨。开展高产高效创建和模式攻关，自主研发的小麦新品种"登海206"百亩高产攻关实现亩产790.1千克，创国内10亩以上高产纪录。调整优化种植结构，推动全市粮经作物二元结构稳步向粮经饲三元结构转变，完成粮改饲面积8万亩以上，粮经饲比例优化至42∶57∶1。

克服疫情影响，调动各方面资源全力保障畜禽生产和产品供应。以稳步提升生猪恢复性发展为主线，以做大做强肉鸡产业为抓手，积极争取落实新冠疫情期间各项扶持政策和产业发展政策，加快基础设施升级，进一步提升

[①] 亩为非法定计量单位，1亩=1/15公顷。

蓬莱小麦收获 （烟台市农业农村局供图）

畜禽养殖效率效益。先后为 12 家规模猪场、4 家生猪屠宰厂争取贷款贴息 1 486.47 万元，协调金融机构帮助 1 495 个中小养猪企业申请贷款 8.06 亿元，争取省级以上现代畜牧业发展资金 3 803.2 万元。新建和改扩建规模猪场 267 个，存栏生猪 304.9 万头，同比增长 15.3%，完成省下达的 275 万头的任务目标。莱州代表山东省、招远代表烟台市先后迎接农业农村部、省重大动物疫病指挥部关于非洲猪瘟防控和生猪稳产保供有关情况现场督查，均获高度评价。疫情期间，全市蔬菜、肉、蛋、奶等主要农产品生产平稳、供给充足，有效保障市民的日常所需。

在提升农业供给保障数量的同时，扎实推动农业绿色发展，努力提升农业供给保障的质量。持续推进化肥农药减量增效，集成推广全程绿色防控技术模式，推广面积 62 万亩；积极开展测土配方施肥面积 750 万亩，单位耕地面积化肥使用量较 2015 年下降 13%，农药使用量下降 21%。加强农业废弃物资源化利用，全市畜禽粪污综合利用率达到 95%，规模养殖场粪污处理设施装备配套率达到 100%；加强农膜回收治理，全市地膜回收利用率 85%，棚膜回收利用率 92%，反光膜回收利用率 94%；大力推进秸秆综合利用，争取到国家秸秆综合利用项目资金 800 万元，秸秆还田面积 380 万亩，综合利用率 95% 以上。

强化农产品质量安全监管，主要农产品抽检合格率 98.3%，全市 12 个区市获得省级以上农产品质量安全县命名，有效使用"三品一标"企业达到 391 家、产品 704 个，创建省级标准化基地 114 个。抓好重大动植物疫病防控，全市未发生非洲猪瘟、高致病性禽流感等重大动物疫情，启动白羽肉鸡主要动物疫病区域净化示范区建设，蓬莱成功创建全省首家牛羊布病净化县，龙大养殖公司顺利通过非洲猪瘟无疫小区国家级现场验收评估；加大小麦条锈病、草地贪夜蛾等重大病虫害防控，保障全年粮食再获丰收。做好农业农村领域信访专项治理，梳理涉及农业农村领域信访突出问题 7 件，通过每月调度、领导包案等举措，全部化解结案。扎实推进农业保险扩面增效，全市小麦、玉米政策性农业保险和苹果、葡萄等地方特色农产品保险承保面积 202.9 万亩，保费总收入 4 741.9 万元，提供风险保障 11.3 亿元，理赔面积 12.2 万亩，理赔金额 1 891.5 万元，投保面积和保险费收入均超额完成三重工作任务目标。

（三）努力打造特色突出的现代农业产业体系

烟台市农业农村系统坚持把发展现代农业作为社会主义新农村建设的首要任务，初步构建以产业强镇为基础、产业园为引擎、产业集群为骨干，省县乡梯次布局、点线面协同推进的现代乡村产业体系，走出一条产出高效、产品安全、资源节约、环境友好的农业现代化发展道路。尤其是烟台坚持陆海统筹，优先发展以苹果为代表的果业、以海洋牧场为代表的现代渔业，打造特色突出的现代农业产业体系，促进农业渔业协同发展、农民渔民共同增收。

烟台是中国现代苹果的发源地，全市苹果面积常年保持在 280 万亩左右，从业人员超过 170 万人。烟台苹果品牌价值 145 亿元，连续 12 年蝉联中国果业第一品牌。2020 年烟台市开启了苹果产业高质量发展大幕，计划用 3 年时间更新改造 120 万亩老龄果园、建设 210 个市县镇三级示范园区。苹果产业更新升级三年行动计划实施以来，已改造 47.2 万亩老龄苹果园，培植 1 500

耕海一号海洋牧场 （烟台市农业农村局供图）

家苹果专业合作社、30 家精深加工企业；打造了具国际先进水平的烟台苹果科技创新中心、大数据中心、展示交易中心和文化博物馆；省政府唯一农业类——山东苹果·果业创新创业共同体落户烟台；"烟台苹果"获批创建千亿级国家优势特色产业集群，是农业农村部、财政部组织实施的全国仅有的两个苹果产业集群之一；成功举办中国·山东国际苹果节，项目签约总金额370 亿元。苹果高质量发展工作创"全省勇于创新奖"。

2018 年 10 月，全国海洋牧场建设现场会在烟台召开，农业农村部向全国推广烟台海洋牧场"海工 + 牧场"联动、"陆海接力"兼容、"大渔带小渔"共享等三大模式。烟台把海洋牧场建设作为加快渔业转型升级的主引擎，建设山东海洋牧场综合试点烟台先行先试区，制定出台了《烟台市海洋牧场发展规划（2019—2025 年)》《关于加快海洋牧场建设的实施意见》等文件，规划海上养殖区、海水滩涂及陆地养殖区共 43.7 万公顷。海洋牧场"百箱计划"首批项目启动建造，截至 2020 年底，全市拥有省级以上海洋牧场 30 处，其中国家级 14 处，占全国总数 1/8，数量居全省首位，海洋牧场总面积超过 110 万亩，海洋牧场产业链产值突破 500 亿元，形成海洋牧场建设"全国看山东、山东看烟台"的良好格局。

现代农业产业体建设需要平台支持，近年来烟台市全力搭建现代农业发展平台，深入开展国家、省、市、县现代农业产业园四级联创。截至 2020 年底，创建现有国家级现代农业产业园 1 个、省级 6 个、市级 9 个，现代农业产业园发展形成梯次推进格局。全面指导 3 个省级、9 个市级乡村振兴齐鲁样板示范区建设，扎实做好省级验收准备工作。莱州市、龙口市入选省部共同打造乡村振兴齐鲁样板示范县暨率先基本实现农业农村现代化试点县，为全面推进乡村振兴、实现农业农村现代化提供典型示范和先行经验。

现代农业产业体建设需要品牌支撑。近年来烟台市努力提升本地农业品牌的影响力和商业价值。"栖霞苹果"获得第五批省知名农产品区域公用品牌，"登海"牌种子等 9 个企业品牌入选省知名农产品企业产品品牌，总数居全省首位。实施苹果品牌战略，在大中城市、大型果品市场、大型超市等设立烟台苹果形象店 100 个，按照"海陆空、市内外、线上线下"的宣传思路，全方位、多渠道、立体化加强品牌推广，累计在中央电视台、人民日报等主流媒体专题报道 700 余次，全年线上苹果销售约 37 万吨、同比增长 24%。烟台苹果品牌价值超过 145 亿元，连续 12 年蝉联中国果业第一品牌。

现代农业产业体建设需要主体带动。近年来烟台市大力培育新型经营主体。扶持农业产业化龙头企业健康发展，全市 238 家市级以上农业产业化龙头企业正常运营，重点饲料、屠宰企业产能均达到或超过常年同期水平。推进农民合作社和家庭农场高质量发展，清理整顿 1 760 家"空壳社"，申报国家级农民合作社示范社 8 家、省级 16 家，评定市级以上示范社和示范场 146 家；新增省级家庭农场示范场 9 家，总数达到 39 家。加强各类农业人才培育。举办各类培训班 1 200 多场次，培训各类农村实用人才 8.2 万人次。

现代农业产业体建设需要深入推进农村综合改革。到 2020 年全市 99.95% 的村完成农村集体产权制度改革任务，超省定目标 1.95%。健全完善了全市农村宅基地分配、使用、流转、违法用地查处等管理制度和标准，扎实开展摸清宅基地底数、接待信访等各项工作。加强农村承包土地管理，对第二轮土地承包到期情况逐村进行数据核实，为二轮土地承包到期后延包 30 年夯实基础；莱阳市荣获全国农村承包地确权登记颁证工作典型县。

（四）全面提高胶东特色美丽乡村建设的层次和水平

改善农村人居环境，建设美丽宜居乡村，是实施乡村振兴战略的一项重要任务，事关全面建成小康社会，事关广大农民根本福祉，事关农村社会文明和谐。2018 年 2 月，中共中央办公厅、国务院办公厅印发了《农村人居环境整治三年行动方案》。烟台市贯彻中央部署，坚决打好人居环境整治攻坚战，到 2020 年，农村人居环境明显改善，村庄环境基本干净整洁有序，村民环境与健康意识普遍增强。本年度烟台市政府印发《全市农村人居环境整治 2020 年巩固提升工作方案》，召开全市农村人居环境整治暨美丽乡村样板示范片建设现场会议，开展"洗脸换装"集中整治、"大排查、大整改、大提升""百日攻坚"等专项行动。引入第三方机构现场评估，综合形成各区市农村人居环境整治综合评价结果，每季度通报成绩排名，并在《烟台日报》上公示。及时兑现奖惩，对季度排名前三位的区市分别奖励 80 万元、60 万元、40 万元，后三位的区市分别倒扣 40 万元、60 万元、80 万元。14 个区市顺利通过省级验收，农村人居环境整治"三年行动"圆满收官。累计完成改厕 55.7 万户，全部村庄生活垃圾城乡一体化处理，建制村通客车率达到 100%。累计完成 2 384 个行政村农村生活污水治理，全部村庄生活垃圾城乡一体化处理，累计已完成 4 278 公里农村公路改造，改造危桥 132 座，已完成 4 200 个村庄通户道路硬化工作，建制村通客车率达到 100%。

2020 年在完成农村人居环境整治"规定动作"的同时，烟台市还以打造美丽乡村样板示范片为"自选动作"，践行"两山"理念，统筹推进生产美、生活美、生态美，提升胶东特色美丽乡村建设的层次和水平。决心以"全力打造美丽乡村升级版"为目标，利用 2020—2021 年两年时间，在全市首批创建 14 个美丽乡村样板示范片、105 个示范村，全部达到美丽乡村 A 级标准，计划总投资 6 亿多元，目前已完成投资 3.75 亿元。43 个美丽乡村示范村全部

山清水秀张格庄（烟台市农业农村局供图）

通过省级评估。扎实推进"合村并居"整改工作，先后召开7次市委常委（扩大）会议、7次专班会议、5次与省"四进"工作组对接会议、1次全市培训会议，市县两级成立工作专班集中办公，先后开展2轮全市范围内的摸排，经核实，烟台市2014年以来涉美丽宜居乡村拆迁建区市14个、行政村427个，共拆迁建11.3万户，涉及31.3万人。省反馈烟台市的4个风险隐患村、147项尚未化解案件全部整改完成并销号。全市累计完成造林32.86万亩，全市森林覆盖率达到36.11%，稳居全省首位。

（五）不断提升基层党组织的组织力和高效农业人才的贡献度

大海航行靠舵手，乡村振兴靠组织。"十三五"以来，烟台市坚持党建引领，强化党对农村工作的全面领导，以推行村党支部领办合作社、党建引领乡村振兴融合发展区为重点，提升基层党组织组织力，为乡村振兴提供坚强组织保证。特别是烟台市以村党支部领办合作社为抓手，将党支部的政治优势、合作社的经济优势、群众的能动性等要素有机融合，走出了一条以组织力提升促进乡村全面振兴的"烟台路径"。截至2020年12月，烟台全市共有3 045个党支部领办合作社，带动新增集体收入3.91亿元，带动群众新增收入5．01亿元。相关做法获评"中国三农创新十大榜样"。组织力的提升，还激活了乡村文化、提振了村民精神，将文化"软实力"转化成乡村振兴的"硬支撑"。目前，全市建立县级新时代文明实践中心 15 个、镇街实践所 164 个，村居实践站 5 842 个、覆盖率达到 90%，累计开展文明实践活动 10 万余场次。

乡村振兴关键在人才振兴，提升人才对乡村发展的贡献度。近年来，烟台市高度重视人才工作，围绕贯彻落实人才兴鲁、人才强市战略部署，以《烟台市高效农业产业人才发展规划（2021—2025）》为统领，在农业领域人才培养、使用、引进、管理和服务等关键环节，用心部署和研究，人才政策相继出台和落地，各类招才引智平台载体建设不断推进，人才服务措施不断优化，高效农业领域高端人才引进工作成绩突出。先后培养引进中国工程院院士 3 名，省"外专双百"计划专家 3 名，泰山学者 1 名，高效生态农业创新类泰山产业领军人才 3 名；市突贡专家、乡村之星、高素质农民等各类人才队伍建设统筹推进，集聚了一批高层次、高技能人才，为烟台市新旧动能转换、高效农业产业化建设提供了有力的人才支撑。

创新体制机制，为高效农业人才成长营造更加宽松的环境。烟台市聚焦产业发展重大需求，不断创新完善人才发展体制机制，为农业农村人才健康成长创造更加宽松的环境。推进农业技术人员职称制度改革，弱化基层申报人员学历条件，注重工作实绩，引导农技人员积极投入农业技术推广。全面推进以高素质农民为主体的农村实用人才职称评定，鼓励各区县将扶持政策与高素质农业生产经营者衔接起来。出台促进科技成果转移转化细则，让科研人员合法分享成果权益，引导科技成果转化工作走向专业化。深入实施农业科研杰出人才培养及引进计划，构建协同创新机制，强化农业科研骨干队伍建设，全市农业科研人才队伍总体规模持续扩大。

完善农业技术推广建设，培养壮大高效农业的"主力军"队伍。烟台市农业农村局统筹各级农业推广机构，联合多个高校及科研院所，围绕烟台市农业产业结构及当前农业生产技术难题，积极开展分主题的年度系列职业技能培训。以稳定区（县级市）、镇两级农技推广机构为基础，以健全村级农业技术推广队伍为重点，不断完善基层农技推广体系建设，强化农业科技支撑，通过"三抓"（抓网络、抓队伍、抓服务），形成了组织网络化、管理制度化、服务多样化的格局。目前，全市高素质农民总量已接近 2 万人，职业技能培训现已常态化及多样化。积极探索开展涉农政策解读、农业经营管理、农产品营销等特色主题农民培训班次，深入实施高素质农民培育工程，初步构建了以农广校等公益性教育培训机构为主体、多方资源和市场力量共同参与的"一主多元"教育培训体系，职业农民规模逐年增加，现代化高效农业的"主力军"队伍不断壮大。

积极打造高效农业科技示范基地，发挥基地引领农业高质量发展的重要作用。在乡村振兴战略和创新驱动发展战略推动下，烟台市积极打造各级高效农业示范基地，加快推进农业农村现代化，推动农业转型升级和绿色发展，促进农业科技成果转化落地和先进技术进村入户到企，充分展示地区先进农业技术生产模式和发展经验，系统部署农业科技示范与展示工作。积极挖掘高校农业科技人力和技术资源，全面系统构建现代农业科技服务体系和技术示范展示体系，鼓励形成有区域特色的、可复制可借鉴的现代农业科技产业发展新模式，为引领农业高质量发展提供科技支撑。

近年来，还开展了农科教人才"下乡入村"服务。先后组织烟台市农科院、鲁东大学等 50 余名农业专家组成专家服务团，赴县市区对口开展专家服务活动，解决种植等技术难题；深入开展挂职"业务院长""百名专家联镇街、千名医生下基层、健康服务入万家"活动，选派 28 名"业务院长"、90 名医疗专家和 2 300 名医生结对帮扶乡镇卫生院和村卫生室，帮扶基层医疗机构新设立特色专科 14 个、双向转诊绿色通道 18 条，诊疗量达到 754 万人次。

┃ 四、2021 年烟台市乡村振兴发展趋势理性展望

综观烟台市农业农村发展，在中国特色社会主义新时代，乡村是一个可以大有作为的广阔天地，2021 年迎来了难得的发展机遇，展现了走向振兴的发展趋势。

（一）乡村产业转型升级趋势更加明显

随着农产品供求关系由长期短缺转变为阶段性供大于求，城乡消费结构

升级对农业功能提出新要求，在确保粮食安全的基础上，加快农业供给侧结构性改革，提高质量和效益成为新时代农业发展的主题。农业经营主体职业化、多元化和农业生产机械化、规模化、社会化趋势将进入大发展时期，农业新旧动能转换加速，新产业新业态蓬勃发展，农业产业链不断延伸、价值链不断提升、供应链不断完善的势头将更加迅猛。

（二）乡村社会结构转型步伐日益加快

当前烟台市仍处于新型工业化、城镇化深入发展时期，乡村人口流动、农业转移人口市民化、人口老龄化、村庄空心化、农民兼业化等发展趋势日益明显，有更多农业转移人口和城中村城郊村原有居民将实现市民化。但是，即使将来烟台市实现了城镇化目标，也还有 200 多万人生活在农村。要坚持遵循乡村发展规律，适应乡村社会结构转型发展趋势，使乡村振兴与新型工业化、城镇化有机结合，让乡村尽快跟上国家现代化发展步伐，打造农民安居乐业的美丽家园。

（三）乡村发展形态和格局更趋多元

现阶段全市乡村形态格局处于大调整、大变动时期，乡村差异化日趋明显，多样性成为乡村发展演变的重要特征。烟台市地域广阔，人口较多，乡村发展各具特色，沿海、平原、山区、岛屿等乡村面貌各异。受区位条件、资源禀赋、发展基础等影响，烟台市乡村将面临不同的发展路径，一些村庄将实现城镇化，多数村庄将长久存在，少数村庄将逐渐衰落消亡。

招远九曲蒋家村全景 （烟台市农业农村局供图）

（四）城乡发展要素双向流动进程加快

随着城乡一体化的快速推进，长期以来城乡要素单向流动的状况正在发生改变，城市公共资源和公共服务向农村延伸的步伐明显加快。在政府引导和市场力量的共同作用下，近年来城市资本、技术、人才下乡的进程不断提速，农业和农村正在成为投资兴业的热土。同时，随着农村产业融合发展格局的形成和各项支持政策的落实，农民工返乡创业也将迎来发展高潮。城乡要素双向流动将加快烟台市城乡融合发展的步伐。

按照"引领发展、走在前列"的工作总要求，烟台市要在全面建成小康社会进程中走在全省前列，在社会主义现代化建设新征程中走在全省前列。实施乡村振兴战略，要突出烟台特色、形成烟台亮点，全力打造乡村振兴齐鲁样板中的烟台篇章。

到 2022 年，乡村振兴的烟台特色、烟台样板、烟台亮点基本形成，乡村振兴的制度框架和政策体系基本成熟，全市 40% 的村庄基本实现农业农村现代化、建成齐鲁样板村。现代农业产业体系初步构建，农村产业融合发展格局全面形成；农村对人才吸引力逐步增强，农村生态环境明显好转；农民收入水平进一步提高，脱贫攻坚成果全面巩固；城乡融合发展体制机制更加完善，农村基本公共服务质量进一步提升；农村基础设施条件显著改善，美丽宜居乡村所占比重达到 80% 以上；乡村优秀传统文化得以传承和发展，农民精神文化生活需求得到有效满足；现代乡村治理体系初步搭建，乡村治理能力进一步加强。

五、新时代鲜美烟台乡村振兴特色路径的对策建议

（一）优先发展农业农村，谱写乡村振兴齐鲁样板烟台篇章

把解决好"三农"问题作为重中之重，全面实施乡村振兴战略，有序推动乡村产业振兴、人才振兴、文化振兴、生态振兴、组织振兴，强化以工补农、以城带乡，尽快形成工农互促、城乡互补、协调发展、共同繁荣的新型工农城乡关系，有效缩小城乡差距，加快农业农村现代化。

第一，提升农业产业化水平。坚持藏粮于地、藏粮于技，严守耕地保

护红线，抓好农田水利及高标准农田建设，稳定优质粮油产能产量，建设优质粮油生产功能区。发展现代高效农业，实施烟台苹果高质量发展工程，完成老旧苹果园改造。培育扩大莱阳梨特色品牌优势，加强老梨园保护，大力发展以"莱阳茌梨"为代表的梨产业。改造提升葡萄·葡萄酒、大樱桃、畜牧、蔬菜等产业，建设一批标准化农产品供给基地和智慧型现代农业示范园区。加快科技兴农步伐，增强农业科技研发能力，大力发展现代种苗业，提升农业装备科技化水平，农业科技进步贡献率达到 70%。实施农业品牌提升行动，打造烟台苹果、烟台莱阳梨、烟台海参、烟台大樱桃、烟台肉鸡等一批有影响力的烟台农产品品牌。加强农产品质量安全监管，建立农业全产业链标准体系。

第二，提高农村组织化程度。加强村级组织配套建设，发挥农村党组织在经济发展中的引领作用。积极稳妥推进农村党支部领办合作社，大力发展家庭农场、农民专业合作社，培育新型农业经营服务主体和产业化联合体。有序推进土地经营权流转，开展多种形式适度规模经营，促进小农户和现代农业发展有机衔接。完善乡村治理机制，推进阳光村务建设。

第三，促进农民收入多元化。坚持农村一二三产业融合发展，因地制宜发展富民产业，稳定农民家庭经营性收入，增加农民工资性收入，扩大农民财产性收入，提高农民转移性收入。实施乡村产业平台构筑行动，鼓励农业电商拓市，实施休闲农业和乡村旅游精品工程，打造农业产业强镇和乡村产业名品村，拓宽农民增收渠道和空间。巩固拓展脱贫攻坚成果与乡村振兴有效衔接，保持财政投入力度总体稳定，接续发挥扶贫项目资金资产效能，持续推进已摘帽扶贫工作重点村发展。完善防止返贫监测和帮扶机制，健全农村社会保障和救助制度，加强对农村低收入人口分类帮扶。

第四，实施乡村建设行动。提升县城综合服务能力，把乡镇建成服务农民的区域中心。稳妥有序推进美丽宜居乡村建设，统筹县域城镇和村庄规划，整体提升美丽乡村示范片建设水平。补齐乡村基础设施和公共服务短板，实施村庄基础设施改善工程，推进乡村水、电、路、气、通信、物流等一体化建设管护；强化农村公共服务供给县乡村统筹，引导公共教育、医疗卫生等资源向农村倾斜。深入推进农村清洁取暖、厕所革命、生活垃圾处理和污水治理，健全农村人居环境整治长效机制。挖掘乡村特色文化，加强传统村落、民居保护。提高农民科技文化素质，实施高素质农民培育工程，培养乡村优秀人才。

第五，深化农业农村领域改革。加快农用地、宅基地"三权分置"改革，落实第二轮土地承包到期后再延长三十年政策。健全城乡统一的建设用地市场，积极探索实施农村集体经营性建设用地入市制度。保障进城落户农民土地承包权、宅基地使用权、集体收益分配权，鼓励依法自愿有偿转让。深化农村集体产权制度改革，发展新型农村集体经济。完善涉农资金长效投入机制，健全农村金融服务体系，大力发展农业保险。

（二）实施新型城镇化战略，统筹推进区域协调发展

坚持区域联动、城乡统筹，深入推进以人为核心的新型城镇化，不断优化空间布局、经济布局、创新布局、乡村布局、生态布局、安全布局，着力构建高质量发展支撑体系，全面提升区域协调和城乡统筹水平。

第一，发挥中心城区龙头带动作用。拓展城市发展空间，纵向上沿河延伸、增加城市纵深。实施"以水兴城、携河发展"战略，按照"治水、塑景、兴城"三位一体的思路，以骨干河流为轴线，以大中型水库为节点，以水环境综合治理为突破口，统筹推进水系互通、海河互动、水城互融等工程，实现水系全面连通、海河联动开发，为城市建设、产业发展、生态保护提供空间。横向上推进"一体两翼"发展，以芝罘区、莱山区为中心板块，西翼烟台开发区与福山区、蓬莱区、空港新区、半岛新区融合发展，东翼烟台高新区与牟平区、金山湾区联动发展。全面推进市区高质量一体化发展，整体开发芝罘仙境、海上世界、幸福新城、高铁新区、八角湾中央创新区、空港新区、夹河新城、牟平新城、金山湾区等重点片区，组团崛起多个充满活力的增长板块。推动滨海一带高品质整体提升，建设现代化国际滨海城市示范带。加快蓬长一体化发展，推动蓬长高度融合、与中心城区深度融合，构建高效联动、整体协同的大市区发展格局。

第二，重塑县域经济发展优势。加快转变县域经济发展方式，建立"促

强扶弱带中间"机制，打造均衡发展、竞相发展、特色发展的县域经济主体板块。提升龙口、招远跨越发展能力，构建引领高质量发展的产业体系和创新体系，跻身全国全省县域经济发展第一方阵。提升莱州转型发展能力，加快从资源驱动向创新驱动转换，在传统产业开辟现代发展模式上探索新路径。提升莱阳、海阳融合发展能力，积极承接青岛等地产业转移。提升栖霞绿色发展能力，实施"生态＋"战略，把生态资源优势转化为高质量发展优势。

第三，加快胶东特色新型城镇化进程。统筹规划建设管理，坚持中心城区、县域、小城镇、美丽乡村"四级联动"，优化城乡布局和形态，促进有序衔接、协调发展。推进以县城为重要载体的城镇化建设，增强县域综合承载能力，培育精品特色小镇。加快建设智慧城市、海绵城市、韧性城市，提高城市治理水平。实施城市更新行动，整体改善城乡人居环境，提升城镇基础设施现代化水平。坚持"房住不炒"，租购并举、精准施策，促进房地产市场平稳健康发展。深化户籍制度改革，实现农业转移人口便捷落户，加快农业转移人口市民化。建立城乡融合发展新体制，促进城乡生产要素自由流动、公共资源合理配置、公共服务均等享有。

第四，深度融入国家和省重大区域发展战略。主动对接黄河流域生态保护和高质量发展战略，以大莱龙铁路、潍烟高铁为发展轴线，串联北部区域和渤海湾港口，发挥港铁联运优势，超前布局大物流设施，在全面融入国家战略中形成强大的黄金发展组团。积极推动胶东经济圈一体化发展，以莱荣高铁、潍莱高铁为发展轴线，发挥南部区域胶东中心节点区位优势，加快基础设施互联互通、园区合作共建、海洋科研转化合作、战略性新兴产业协同，建设莱阳莱西胶东一体化发展先行示范区，在全面融入省发展战略中崛起新兴发展组团。

（三）巩固拓展脱贫攻坚成果，同乡村振兴有效衔接

坚持以人民为中心的发展思想，坚持共同富裕方向，将巩固拓展脱贫攻坚成果放在突出位置，建立农村低收入人口和欠发达地区帮扶机制，健全乡村振兴领导体制和工作体系，加快推进脱贫地区乡村产业、人才、文化、生

态、组织等全面振兴。

第一，**保持脱贫攻坚政策稳定，巩固拓展脱贫攻坚成果**。从脱贫攻坚任务目标完成之日起，设立 5 年过渡期，与"十四五"规划相衔接。过渡期内，严格落实"四个不摘"要求，保持现有帮扶政策、资金支持、帮扶力量总体稳定，继续对脱贫享受政策人口进行帮扶，持续巩固脱贫攻坚成果，确保稳定脱贫不返贫。健全完善防止返贫致贫动态监测和精准帮扶机制，加强对脱贫享受政策户、边缘易致贫户动态监测，持续跟踪收入支出状况、"两不愁三保障"和饮水安全情况，及时采取针对性帮扶措施，坚决防止返贫和新致贫。充分利用现有数据平台，加强动态监测，建立农村低收入人口主动发现机制。对基本生活出现困难的，分层分类实施社会救助，做到早发现、早帮扶。将符合条件的农村低收入人口纳入农村低保、特困人员救助供养范围，稳步提高保障标准。

第二，**强化扶贫项目资产监管，支持乡村特色产业发展壮大**。加强扶贫资产管理和监督，分类摸清资产底数，明确所有权、放活经营权、保障收益权、落实监督权，促进扶贫资产长期良性运营、持续发挥效益。扶贫资产收益优先用于项目运行管护、巩固拓展脱贫攻坚成果，剩余资金可用于设立村内公益岗位、发展村级公益事业等。鼓励以县镇为单位实施乡村优势特色产业项目，注重产业后续长期培育，实施特色种养业提升行动，优化产业结构，延伸产业链条。支持 536 个扶贫工作重点村发展集体经济、补齐基础设施短板、提升公共服务水平，增强其巩固脱贫成果及内生发展能力。加快脱贫地区农产品和食品仓储保鲜、冷链物流设施建设，支持农产品流通企业、电商、批发市场与区域特色产业精准对接。支持脱贫地区培育绿色食品、有机农产品、地理标志农产品，打造区域公用品牌。

第三，**促进脱贫人口稳定就业，兜牢丧失劳动能力人口基本生活保障底线**。搭建用工信息平台，加大脱贫人口有组织劳务输出力度。支持脱贫地区在农村人居环境、小型水利、乡村道路、农田整治、水土保持、产业园区、林业草原基础设施等涉农项目建设和管护时广泛采取以工代赈方式。延续支持扶贫车间的优惠政策。统筹用好乡村公益岗位，健全按需设岗、以岗聘仁、在岗领补、有序退岗的管理机制，过渡期内逐步调整优化公益岗位政策。对脱贫人口中完全丧失劳动能力或部分丧失劳动能力且无法通过产业就业获得稳定收入的人口，要按规定纳入农村低保或特困人员救助供养范围，并按困难类型及时给予专项救助、临时救助等，做到应保尽保、应兜尽兜。

（四）多措并举提高质量，全面提升现代农业发展效益

坚持以农业供给侧结构性改革为主线，以科技兴农、质量兴农为支撑，以绿色、生态、高效为目标，瞄准农业全产业链开发，推进农业产业融合发展，加快推动品种培优、品质提升、品牌培育和标准化生产，整体提升产业发展质量效益和竞争力。把烟台建成优质粮油生产功能区、果蔬特色产业引领区、现代畜牧示范区、海洋渔业经济发展示范区，率先实现农业现代化。

第一，大力发展现代种业，稳定发展粮食生产。编制现代种业发展规划，放大小麦、玉米、苹果、大樱桃、畜禽、水产等种子种苗产业优势，开展种源"卡脖子"技术攻关，打造中国北方种业硅谷。强化种质资源保护与开发利用，重点围绕种质资源精准鉴定与创新利用基因工程等现代生物育种技术，加快培育优质专用突破性农业新品种、新品系。加强农作物品种区试站建设，健全市县乡三级新品种展示评价推广体系。强化良种繁育基地建设，鼓励建设南繁科研基地，增强供种保障能力。创新种业研发机制，设立首席专家研发团队，重点围绕农业优势产业开展品种研发和引进推广。

严格落实粮食安全责任制，实行党政同责。加强粮食生产功能区监管，落实农业支持保护补贴、粮食生产激励等配套支持政策，积极推进粮食绿色高质高效创建项目，鼓励整建制开展吨粮镇、吨粮县建设。稳定发展青贮玉米，适当扩大花生及甘薯等小杂粮种植面积，满足市场多样化需求。深入推进优质粮食工程，积极争创"齐鲁粮油"公共品牌。加强粮食储备体系建设，调整优化地方储备粮规模总量、区域布局和品种结构，提升收储调控和供应保障能力。开展粮食节约行动。

第二，深入推进"海上粮仓"建设，全力打造海洋牧场示范之城。坚持陆海统筹、生态优化，建设山东海洋牧场试点烟台先行先试区。持续推进"百箱计划"，建立健全海洋牧场综合管理信息化平台，打造"智慧海洋牧场"，

加快建设耕海二期现代化海上综合体，推动滨海游向海洋游转变。统筹推进现代渔业园区和渔港经济区建设，重点推进莱州和开发区现代渔业园区建设，将园区打造成布局集中、建设集约、项目集聚、环境集美、科技和人才富集的新型渔业经济板块。加快发展远洋渔业，推进渔港建设和管理改革，促进现代渔业三产融合发展、高质量发展。加大渔业资源养护力度。

第三，加强农产品品牌建设，持续提升烟台农产品品牌整体形象。实施"区域品牌、产品品牌、企业品牌"三位一体品牌建设发展战略，探索构建区域公用品牌引领、企业产品品牌支撑的品牌产业协同发展模式，实现名企、名品、名产与城市名片同步提升。进一步提升烟台苹果中国果业第一品牌号召力、凝聚力和引领力，以栖霞、蓬莱、招远为重点，打造千亿级特色产业集群；高标准举办第二届中国·山东国际苹果节，开展全媒体宣传和国内外精准营销；加大招商选资力度，建设精品果园，开创"果园果"单果销售新模式；扶持果品精深加工企业，打造全国优质苹果标准化生产示范基地、现代交易与仓储物流中心。同时，以苹果高质量发展为引领，深耕北纬37°仙境海岸，做强以莱阳梨为代表的梨产业，提高大樱桃"北方春果第一枝"果品品质，提升国际葡萄与葡萄酒城美誉度，打造海阳甜柿等区域公用品牌，着力挖掘"品道烟台仙果香"文化内涵。加强农产品质量监测，加快落实食用农产品达标合格证制度，推进"从农田到餐桌"全过程可追溯管理，擦亮国家食品安全示范城市品牌。

第四，实施农业全产业链培育计划，加快推动一二三产业融合发展。统筹布局农产品生产、加工、流通，把产业链主体留在县域。健全现代农业全产业链标准体系。加快推动农产品精深加工发展，推进农产品加工向产地下沉、与销区对接、向园区集中。实施乡村旅游精品工程，打造一批乡村旅游重点村、旅游民宿集聚区。扩大农业对外开放力度，创建省级农产品出口产业聚集区，培育农产品出口示范企业。争创省级以上农业现代化示范区、乡村振兴示范区。深化农业产业化经营，培育苹果、花生、白羽肉鸡、生猪、葡萄与葡萄酒等一批产值超十亿级、百亿级、千亿级优势特色产业集群。保持"百园千镇万村"工程建设走在全省前列，积极推进蓬莱、龙口2个省级农业高新技术产业开发区建设。

第五，深入开展乡村振兴科技创新行动，推动科技成果转移转化。围绕基础和应用基础研究、技术研发、转移转化创新全链条需求，创建现代农业技术创新中心。加大现代农业产业技术体系创新团队建设力度。推动农机装备产业转型升级，推进主要畜禽规模养殖机械化、果业生产机械化，落实农机购置补贴政策，加快"两全两高"农业机械化发展。加强苹果产业科技创新，与中国农科院合作共建国家（烟台）农业科技中心，积极推进山东省苹果·果业产业技术创新创业共同体建设；引进高端人才，推动争创全国苹果质量标准中心；制定《烟台数字果园建设标准》，推动"数字果园"建设；更好发挥"烟台苹果价格指数"定价引领作用；研发推广苹果专用机械，建立健全果园托管、半托管等社会化服务体系。

（五）重点提升发展内涵，打造胶东风貌的美丽乡村

烟台市把美丽乡村建设作为实施乡村振兴战略、争创齐鲁样板的重要载体，确定 2021 年为全市重点攻坚收官年，以"全力打造美丽乡村升级版"为目标，集中连片、突出特色，完成在全市重点打造 14 个美丽乡村示范片、105 个样板村庄的既定目标。目前，烟台市美丽乡村建设与农村人居环境整治三年行动工作配套推进，已取得重要阶段性成果，美丽乡村示范片建设效果初步显现。下一阶段，烟台市美丽乡村建设应转入内涵式发展阶段，逐渐实现从人居环境整治到乡村全面振兴的创建目标，打造乡村振兴齐鲁样板的"烟台篇章"。

第一，加快推进村庄规划工作，强化县域内城乡融合发展。推动各类规划在村域层面实现"多规合一"，有条件、有需求的村庄做到规划应编尽编，实现规划管理全覆盖，尽快完成县级国土空间总体规划编制，明确村庄布局分类。对已分类的村庄每年组织一次全面评估、动态优化调整。开展"乡村规划师"试点，支持优秀规划师、建筑师、工程师下乡服务。注重乡村风貌，保留乡村特色，不搞大拆大建。加强传统村落、传统民居和历史文化名村名镇保护。推进以县域为重要载体的城镇化建设，把乡镇建成服务农民的区域中心，实现县乡村功能衔接互补。加快推进小城镇建设，规范建设一批特色

小镇、中心镇。放开农业转移人口落户限制，全面实施居住证制度。

第二，不断提高乡村基本公共服务水平，进一步扩大农村消费。加快推动形成县域统筹规划布局、县乡村功能衔接互补的公共服务体系，提升城乡公共服务均等化水平。实施强镇筑基教育工程，以镇驻地幼儿园、小学、初中为重点，提高学校管理标准化、科学化、精细化水平。强化县级政府对所属医疗卫生机构建设保障主体责任，深入实施基层医疗卫生服务能力三年提升行动，打造农村地区 15 分钟健康服务圈。加强县级医院建设，持续提升县级疾控机构应对重大疾病及突发公共卫生事件能力。加快县域医疗服务次中心建设，推动乡镇卫生院、村卫生室提档升级。完善统一的城乡居民基本医疗保险制度，合理提高政府补助标准和个人缴费标准，健全重大疾病医疗保险和救助制度。

打造县乡村三级物流共同配送体系，整合县域日用消费品、农资下乡和农产品进城双向配送设施，推动城乡生产与消费有效对接。加大对农村居民消费领域的支持力度，加快农村居民在家用电器、交通工具和智慧农业等方面的升级换代。全面实施农产品仓储保鲜冷链物流设施建设工程，推进田头仓储保鲜冷链设施、产地低温直销配送中心、骨干冷链基地建设。依托农村各类便民服务网点，积极推进电子商务、快递进农村。

第三，营造乡村特色风貌，打造胶东特色美丽乡村。要着眼于"记得住乡愁"的视角，融合乡村所处地域的自然环境特色，注入生态文化、历史文化和民俗文化等元素，规范和引导烟台市乡村风貌总体格局、街巷空间、建筑形态、环境设施等方面，塑造乡村整体形象和地方特色，提升乡村空间品质。编制烟台市村镇风貌设计导则和村庄规划编制技术导则，将乡村打造成为独具胶东韵味的风貌景观。营造富有胶东地域特色、承载田园乡愁、体现现代文明的新时代美丽乡村，保护乡村聚落与生态环境相融共生的和谐关系，保护乡村传统肌理与乡土文化特色，保护乡村社会价值体系和集体情感记忆。将历史文化名村、传统村落、宜居村庄等文化底蕴深厚、风貌独特，以及具备独特资源和特色产业的村庄，打造成乡村振兴特色村，避免"千村一面"，使城市更像城市，乡村更像乡村，城乡各美其美、美美与共。

II 专题报告

PART TWO

烟台市乡村振兴绩效评价

千亩葡萄园

(烟台市农业农村局供图)

烟台市委、市政府深入学习贯彻习近平总书记重要指示精神，按照省委、省政府的部署要求，把实施乡村振兴战略作为新时代"三农"工作的总抓手，2018—2020 年连续 3 年市委 1 号文件都聚焦"三农"工作和乡村振兴，出台《烟台市乡村振兴战略规划》，加强规划指引，形成了一揽子政策的支持。市委、市政府主要领导亲自部署、亲自督导，各县市区委书记当好乡村振兴"一线总指挥"，市县两级均成立乡村振兴五个工作专班，统筹推进乡村振兴战略实施，努力创造乡村振兴的"烟台实践"，推动"五大振兴"形成烟台亮点，谱写齐鲁样板的烟台篇章。

一、乡村振兴的基础条件

党的十八大以来，烟台市农业农村发展取得了历史性成就，为乡村全面振兴创造了良好条件。特别是党的十九大以来，烟台市坚持农业农村优先发展，抓牢抓实各项工作，乡村振兴发展方向更加明确，农业产业化水平进一步提高，美丽乡村建设成效明显，基层基础得到夯实，为高标准谱写乡村振兴齐鲁样板的烟台篇章奠定了坚实的基础。

（一）农业发展动能加速转换

农业发展水平显著增强，2017 年全市农林牧渔业生产总值达到 508.79 亿元，比上年增长 3.0%。农业综合生产能力稳步提升，累计改造中低产田 120 余万亩，粮油产能产量稳定提升，苹果、大樱桃、葡萄酒产业领跑全国，水产品、畜产品产量均居全省前列。农业产业化水平不断提升，培植起了优质粮油、品牌果品、品质蔬菜、生态畜牧、现代水产等五大支柱产业，形成了粮油加工、果品加工储藏、蔬菜加工、畜牧加工、水产品加工、粉丝加工、葡萄酒酿造七大绿色加工产业集群，涉农上市企业 15 家，国家级农业产业化龙头企业达到 13 家、省级以上 72 家。农产品出口 32.95 亿美元，连续 10 年居全国地级市之首。农业科技创新迈出新步伐，农业物质技术装备条件得到极大改善，拥有国家农业科技园区 2 处、省级农业高新技术产业示范园区

2 处、省级农业科技园 9 处。农村一二三产业加快融合，农业"新六产"框架布局基本形成，农村电商、定制农业等新兴业态蓬勃发展。

（二）农村发展活力持续增强

截至 2017 年年底，全市土地承包确权颁证率和流转率分别达到 95.82%、12.3%。集体林权改革深入开展，明晰产权 701.39 万亩，发证率达到 93.2%。农村集体产权制度改革稳步推进，清产核资农村集体资产 3.1 亿元，成立新型农村集体经济组织 31 个。市级和蓬莱、海阳、招远农村产权流转交易中心已经挂牌成立并开始运转。新型农村合作金融改革试点和供销社综合改革试点取得阶段性成效。粮食直补、农资综合补贴、良种补贴"三补合一"改革试点扎实推进，农业政策性保险实现县（市、区）全覆盖。

（三）农民生产生活条件明显改善

美丽乡村标准化建设加快推进，截至 2017 年年底，全市 A 级美丽乡村达到 1 108 个，创建省级美丽乡村示范村 42 个，认证省级以上传统村落 81 个，创建国家级特色小镇 2 个、省级特色小镇 12 个。农村基础设施建设不断加强，农村"七改"工程全面提速，人居环境整治持续推进。全市基本形成以县道为骨架、乡道为支线、村道为脉络的农村公路网络体系，实现了与国省干线公路以及城市道路的有效对接互通，农村道路在"村村通"基础上启动"户户通"工程。2018 年前，全市已完成农村危房改造 2 万多户，完成农村无害化卫生厕所改造 50 万户，农村自来水普及率达到 96.1%。农村垃圾污水治理水平显著提高，实现城乡环卫一体化全覆盖，建设运营一体、区域连片治理的污水治理模式初步形成，建制镇生活污水集中处理覆盖率由 45% 提高到 75%。

（四）城乡统筹发展机制初步形成

新型城镇化水平稳步提升，2017 年年底，新型城镇化率达到 63.66%。农村居民人均可支配收入达到 18 051 元，城乡居民收入差距缩小到 2.32∶1。农村公共服务不断完善，整合城乡居民基本医疗保险，稳步提升医疗保险待遇水平，建立起城乡一体的居民基本医疗保险制度；推进城乡居民养老保险整合，建立完整的居民养老保险制度体系；推进县域义务教育均衡发展，优质教育资源向农村和贫困地区延伸。

（五）乡村文明程度和治理水平显著提升

截至 2017 年，烟台已实现全国文明城市"五连冠"、全国社会治安综合治理"七连冠"，成为国家公共文化服务体系示范区，乡风文明和社会治理基础良好。大力推进过硬支部建设，农村基层党组织建设不断加强。村民自治不断深化，全面推行村级重大事项民主决策、民主管理、民主监督，落实"四议两公开"、党务村务财务公开、村干部"小微权力清单"等制度，有效保障了村民参与村庄管理的权利。持续加强农村法治德治建设，创新开展"法德共进"、四德工程等一系列农村基层治理基础工程建设，"四德榜"村（居）建榜率超过 90%，"法德共进"深入有效开展。平安乡村建设不断深化，深入扎实开展"雪亮工程""民主法治示范村"创建等系列活动，农村治安防控体系更加完善，突出治安问题得到有效治理。

总体来说，《烟台市乡村振兴战略规划（2018—2022 年)》贯彻落实前，烟台市"三农"事业发展已经站在了新的起点上，为实施乡村振兴战略奠定了坚实基础。

▎ 二、烟台市乡村振兴的绩效指标体系构建

（一）基本原则

（1）导向性与综合性相结合。导向性是指通过对乡村振兴战略实施工作的动态监测、综合评价，将乡村治理逐步引导到乡村振兴战略实施的轨道上来。而综合性主要是指要考虑到评价体系是一个综合体系，各项指标之间有着千丝万缕的联系，因此，必须从多层次、多方面、多角度地反映乡村振兴战略实施的实际情况。导向性代表着激励和发展，综合性代表着责任和承担。

（2）典型性与可比性相结合。典型性是指评价体系应具有的代表性。作为评价体系，应尽可能准确地反映出上级党委政府对发展目标的要求，反映出人民群众对乡村治理的真正意愿。而可比性是指评价体系应具有的比较性。因为评价体系是建立在现有的统计制度之上的，所以，所选指标必须是可度

量的，既要便于操作，易于采集，又要有可比性，可用来做比较，并确保其准确性。

（3）创新性与历史性相结合。创新性是指评价体系要推陈出新。因为对乡村振兴战略实施进行监测评价是一项全新的工作，各个地区的发展情况差异性较大，评价体系尚难以统一。因此需要不断尝试，根据地区特征创新评价体系。历史性是指评价体系要尊重历史、注重传承。任何社会评价都必须历史地、发展地、全面地看问题，对于乡村振兴战略实施而言，其评价体系也必须与传统的评价体系联系起来看，吸收其先进、可用的养分，祛除其过时、落后的成分，以保持其先进性。

（4）硬指标与软指标相结合。硬指标是指评价体系中比较刚性的指标，包括物质激励、经济发展、人均收入、基础设施、社会保障等，这些指标往往是可以直接量化的。而软指标是指评价体系中比较柔性的指标，比如文化、道德、社会建设、生态保护、乡村文化遗产保护、乡村人才保护等指标是定性的，无法直接量化，需要进行一定的计算和转换。在以往的一些评价体系中，人们往往比较重视硬性指标，因为它们便于量化统计，而不重视定性的软指标。但科学、全面及合理的乡村振兴绩效评价需要兼顾硬指标与软指标。

（二）主要目标

（1）产业兴旺。实施乡村振兴战略，是加快烟台市农业由大到强跨越转变的必由之路。烟台农业正处于由大到强加快转变的关键期。实施乡村振兴战略，落实高质量发展的要求，深化农业供给侧结构性改革，推进农业由增产导向转向提质导向，促进农业农村发展新旧动能转换，有利于加快构建烟台市现代农业产业体系、生产体系、经营体系，有利于提高烟台市农业创新力、竞争力、全要素生产率，有利于提高烟台市农业质量、效益、整体素质，实现烟台市由农业大市向农业强市跨越性转变。

（2）生态宜居。实施乡村振兴战略，是建设生态城市美丽烟台的现实要求。建设生态文明是中华民族永续发展的千年大计。农业是生态产品的重要供给者，乡村是生态涵养的主体区，良好生态环境是农村最大优势和宝贵财富。烟台依山傍海、陆海兼备，山海岛泉河各种生态资源丰富，山水林田湖各类生态系统众多。实施乡村振兴战略，践行"绿水青山就是金山银山"理念，以绿色发展引领乡村振兴，统筹陆海生态建设，坚决守住生态保护红线、环境质量底线、开发利用上线，扎实做好环境保护、生态修复、污染防治，培育发展绿色产业、绿色产品、绿色经济，有利于促进人与自然和谐共生，率先实现生产美、生态美、生活美有机统一。

（3）乡风文明。实施乡村振兴战略，是实现烟台乡村文化繁荣兴盛的重要途径。烟台是历史文化名城，具有深厚的传统文化底蕴；又是胶东红色文化的发源地、全国文明城市和国家公共文化服务体系示范区，具有先进文化的良好基础。实施乡村振兴战略，进一步繁荣发展农村先进文化，深入挖掘乡村文化丰富内涵，并将其与具有当代价值的文化精神相结合，有利于烟台优秀传统文化焕发新的魅力和风采，有利于提振农村精气神，增强农民凝聚力，孕育社会好风尚。

（4）治理有效。实施乡村振兴战略，是构建新型乡村治理体系的迫切需要。乡村治理既是国家治理体系的重要组成部分，也是实现乡村振兴的坚实基础。烟台是全国社会治安综合治理"七连冠"城市，创新开展"法德共进"、四德工程等一系列农村基层治理基础工程建设。实施乡村振兴战略，加强农村基层党的建设和政权建设，创新乡村社会治理方式，提高农民文明素质和基层管理水平，有利于加快形成自治、法治、德治相结合的新型乡村治理体系。

（5）生活富裕。实施乡村振兴战略，是实现全市人民共同富裕的必然选择。乡村是全面小康的短板、城乡协调发展的短腿，烟台市最大的发展不平衡是城乡发展不平衡，最大的发展不充分是农村发展不充分。实施乡村振兴战略，打好精准脱贫攻坚战，不断拓宽农民增收渠道，全面提高农村民生保障水平，全面改善农村生产生活条件，让全体农民有更多获得感、幸福感，最终实现共同富裕。

（三）指标体系

（1）产业兴旺维度。一是生产效率，通过粮食综合生产能力、果品产量、畜产品产量、渔业经济总产值及农业科技进步贡献率等指标反映农业生产效率；二是生产条件，通过高标准农田建成面积、农业保险投保面积、主要农作物耕种收综合机械化率（机械化）、多种形式土地适度规模经营占比（规模化）、农村互联网普及率（信息化）等指标反映农业生产条件；三是产业化水平，通过农产品年出口额、农产品网络销售额、省级以上知名农产品区域公用品牌数量、省级以上农产品企业产品品牌数量、乡村旅游消费总额、农产品加工业产值与农林牧渔总产值之比、百亿级以上农村产业融合发展集群数量等指标反映农业农村产业化水平；四是农产品质量安全水平，通过农产品质量安全例行监测总体合格率、"三品一标"认证率两个指标反映农产品质量安全水平。

（2）生态宜居维度。一是绿色生产，通过畜禽粪污综合利用率、农作物秸秆综合利用率、节水灌溉面积、全程绿色防控技术推广覆盖率、测土配方施肥覆盖率等指标反映；二是生活宜居，美丽乡村覆盖率、森林覆盖率、村庄规划编制率、农村自来水普及率、实现农村道路"户户通"村庄占比、农村生活垃圾无害化处理率、农村无害化厕所普及率、生活污水处理的行政村比例等指标反映。

（3）乡风文明维度。一是文明创建，通过县级以上文明村、文明乡镇占比，以及节地生态安葬率两个指标来反映；二是基础服务，通过有体育健身场所的村庄占比、村级综合文化中心达标率、农村九年义务教育巩固率、农村学前三年毛入园率等指标反映；三是人才培训，通过新农村新生活新农民培训数量、农村实用人才培训数量两个指标反映。

（4）治理有效维度。一是组织引领，通过农村社区党群服务站普及率、农村社区服务站普及率、农村党建示范区数量、管理规范示范村数量等指标反映；二是治理效果，通过干事创业红旗村、干事创业进步村数量、"雪亮工程"入户数量、村级综治中心建设达标率、村级网格化服务管理覆盖率等指标反映。

（5）生活富裕维度。一是收入可持续性，通过农村居民人均可支配收入、乡村消费品零售额两个指标反映。二是协调发展，通过城乡居民收入比、农村居民恩格尔系数两个指标反映。

乡村振兴评价指标体系见表1。

表1 乡村振兴评价指标体系

维度	二级指标	主要指标	属性
产业兴旺	生产效率	粮食综合生产能力（万吨）	预期
			预期
		畜产品产量（万吨）	预期
		渔业经济总产值（亿元）	预期
		*农业科技进步贡献率（%）	预期
	生产条件（信息化、机械化、规模化、保险化等）	高标准农田建成面积（万亩）	约束
		农业保险投保面积（万亩）	预期
		*主要农作物耕种收综合机械化率（%）	预期
		多种形式土地适度规模经营占比（%）	约束
		*农村互联网普及率（%）	约束
	产业化水平	*农产品年出口额（亿元）	预期
		*农产品网络销售额（亿元）	预期
		*省级以上知名农产品区域公用品牌数量（个）	预期
		*省级以上农产品企业产品品牌数量（个）	预期
		*乡村旅游消费总额（亿元）	预期
		*农产品加工业产值与农林牧渔总产值之比（%）	约束
		*百亿级以上农村产业融合发展集群数量（个）	预期
	农产品质量安全水平	*农产品质量安全例行监测总体合格率（%）	预期
		"三品一标"认证率	预期
生态宜居	绿色生产	畜禽粪污综合利用率（%）	约束
		农作物秸秆综合利用率（%）	约束
		*节水灌溉面积（万亩）	预期
		全程绿色防控技术推广覆盖率（%）	预期
		测土配方施肥覆盖率（%）	预期
	生活宜居	美丽乡村覆盖率（%）	约束
		森林覆盖率（%）	约束
		*村庄规划编制率（%）	约束
		农村自来水普及率（%）	约束
		*实现农村道路"户户通"村庄占比（%）	约束
		*农村生活垃圾无害化处理率（%）	约束
		*农村无害化厕所普及率（%）	约束
		*生活污水处理的行政村比例（%）	约束

（续）

维度	二级指标	主要指标	属性
乡风文明	文明创建	*县级以上文明村、文明乡镇占比（%）	预期
		*节地生态安葬率（%）	预期
	基础服务	有体育健身场所的村庄占比（%）	约束
		*村级综合文化中心达标率（%）	约束
		农村九年义务教育巩固率（%）	预期
		*农村学前三年毛入园率（%）	预期
	人才培训	新农村新生活新农民培训数量（人次）	预期
		农村实用人才培训数量（人次）	预期
治理有效	组织引领	*农村社区党群服务站普及率（%）	预期
		农村社区服务站普及率（%）	预期
		农村党建示范区数量（个）	预期
		管理规范示范村数量（个）	预期
	治理效果	干事创业红旗村、干事创业进步村数量（个）	预期
		*"雪亮工程"入户数量（万户）	预期
		*村级综治中心建设达标率（%）	约束
		村级网格化服务管理覆盖率（%）	约束
生活富裕	收入可持续性	*农村居民人均可支配收入（元）	预期
		乡村消费品零售额（亿元）	预期
	协调发展	*城乡居民收入比	预期
		*农村居民恩格尔系数	预期

注：表中所列指标综合来源于《山东省乡村振兴战略规划（2018—2022年）》及《烟台市乡村振兴战略规划（2018—2022年》，其中，三级指标前有"*"号的代表《山东省乡村战略规划（2018—2022年)》中提出的指标。

▌ 三、烟台市乡村振兴的绩效结果分析

2018—2020年，烟台市把"打造乡村振兴齐鲁样板烟台篇章"作为时代命题，以实施乡村振兴战略为"三农"工作总抓手，用心考量，用情谋划，用力实践，交出了一份农业强、农村美、农民富的乡村振兴"烟台答卷"。具体指标完成情况见表2。

表 2　烟台市乡村振兴评价指标结果

维度	二级指标	主要指标	2017 年基础值	2020 年目标值	2020 年完成值	属性
产业兴旺	生产效率	粮食综合生产能力（万吨）	171	170	174.7	预期
		果品产量（万吨）	571	600	741.75	预期
		畜产品产量（万吨）	170	200	201.69	预期
		渔业经济总产值（亿元）	1 031.8	1 200	1 116.7	预期
		*农业科技进步贡献率（%）	64.2	66	67	预期
	生产条件（信息化、机械化、规模化、保险化等）	高标准农田建成面积（万亩）	231.51	312.9	312	约束
		农业保险投保面积（万亩）	—	—	202.9	预期
		*主要农作物耕种收综合机械化率（%）	91	93	91.6	预期
		多种形式土地适度规模经营占比（%）	30	40	40	约束
		*农村互联网普及率（%）	100	100	100	约束
	产业化水平	*农产品年出口额（亿元）	215.9	216	[229.67]	预期
		*农产品网络销售额（亿元）	24	32.3	27	预期
		*省级以上知名农产品区域公用品牌数量（个）	2	5	5	预期
		*省级以上农产品企业产品品牌数量（个）	20	50	48	预期
		*乡村旅游消费总额（亿元）	163	240	240	预期
		*农产品加工业产值与农林牧渔总产值之比（%）	3.75	3.8	3.8	约束
		*百亿级以上农村产业融合发展集群数量（个）	3	4	4	预期
	农产品质量安全水平	*农产品质量安全例行监测总体合格率（%）	98	＞ 98	98.3	预期
		"三品一标"数量	786	1 040（2022 年目标值）	1 177	预期
生态宜居	绿色生产	畜禽粪污综合利用率（%）	80	90	95	约束
		农作物秸秆综合利用率（%）	93	95	＞ 95	约束
		*节水灌溉面积（万亩）	390	400	400	预期
		全程绿色防控技术推广覆盖率（%）	—	30	30	预期
		测土配方施肥覆盖率（%）	—	90	90	预期
	生活宜居	美丽乡村覆盖率（%）	20	33	33	约束
		森林覆盖率（%）	36.35	38	36.3	约束
		*村庄规划编制率（%）	23.2	100	100	约束

（续）

维度	二级指标	主要指标	2017年基础值	2020年目标值	2020年完成值	属性
生态宜居	生活宜居	农村自来水普及率（%）	96.1	96.5	96.5	约束
		*实现农村道路"户户通"村庄占比（%）	18	90	90	约束
		*农村生活垃圾无害化处理率（%）	100	100	100	约束
		*农村无害化厕所普及率（%）	75	90	93.2	约束
		*生活污水处理的行政村比例（%）	25	50	44.59	约束
乡风文明	文明创建	*县级以上文明村、文明乡镇占比（%）	—	80	80	预期
		*节地生态安葬率（%）	40	60	60	预期
	基础服务	有体育健身场所的村庄占比（%）	92.7	95	95	约束
		*村级综合文化中心达标率（%）	92	100	100	约束
		农村九年义务教育巩固率（%）	99	99	99	预期
		*农村学前三年毛入园率（%）	98	99	99	预期
	人才培训	新农村新生活新农民培训数量（万人次）	1.23	2.46	＞2.7	预期
		农村实用人才培训（万人次）	—	6	10.2	预期
治理有效	组织引领	*农村社区党群服务站普及率（%）	—	100	100	预期
		农村社区服务站普及率（%）	100	100	100	预期
		农村党建示范区数量（个）	50	150	300	预期
		管理规范示范村数量（个）	—	1 000	1 000	预期
	治理效果	干事创业红旗村、干事创业进步村数量（个）	380	980	980	预期
		"雪亮工程"入户数量（万户）	0	30	30	预期
		*村级综治中心建设达标率（%）	63	100	95	约束
		村级网格化服务管理覆盖率（%）	87	100	100	约束
生活富裕	收入可持续性	*农村居民人均可支配收入（元）	18 051	22 200	22 305	预期
		乡村消费品零售额（亿元）	20	32.3	615.31	预期
	协调发展	*城乡居民收入比	2.32	2.30	2.22	预期
		*农村居民恩格尔系数（%）	36.04	35.6	[32.39]	预期

注：表中所列数据出自《烟台市乡村振兴战略规划（2018—2022年）》《2020年烟台市国民经济和社会发展统计公报》《烟台统计年鉴2020》以及2020年乡村振兴战略规划落实情况的工作总结。

[ ]中数据来源于《烟台统计年鉴2020》，为目前公开的最新一期数据。

（一）产业兴旺

坚持以农业供给侧结构性改革为主线，以科技兴农、质量兴农为支撑，以绿色、生态、高效为目标，加快构建现代农业产业体系、生产体系、经营体系，围绕优质粮油生产功能区、果蔬特色产业引领区、现代畜牧示范区、海洋渔业经济发展示范区的战略部署，推动农业现代化的实现。

1. 农业生产效率稳步增长

（1）粮食综合生产能力持续提升。加快建设优质粮油生产功能区，以优质玉米、小麦和花生为重点，实施粮食高产创建平台等系列粮食增产工程，确保优质粮油产能产量，打造具有市场竞争力的优质粮油生产功能区。坚持"藏粮于地、藏粮于技"，累计建设高标准农田 312 万亩，划定粮食生产功能区 175 万亩，粮食综合生产能力连续 5 年稳定在 170 万吨以上，完成烟台市"十三五"规划及乡村振兴战略规划的目标设定。卡实粮食生产责任制，千方百计稳定粮食种植面积，因地制宜扩大玉米、甘薯、大豆等粮食作物播种面积。共建成粮食核心示范区 5 万亩，辐射区 50 万亩。开展高产高效创建和模式攻关，自主研发的小麦新品种"登海 206"百亩高产攻关实现亩产 790.1 千克，网红蜜薯——烟薯 25 等优质杂粮快速发展，推广超 1 000 万亩。

2017—2020 年烟台市粮食种植面积及增长率见图 1，2017—2020 年烟台市粮食综合生产能力及增长率见图 2。

图 1　2017—2020 年烟台市粮食种植面积及增长率

图 2　2017—2020 年烟台市粮食综合生产能力及增长率

（2）畜禽生产和产品供应稳定保障。"十三五"期间，烟台市认真贯彻落实强农惠农方针政策，着力转方式、调结构、提质量、增效益，基本建立起优势突出、特色鲜明的现代畜牧产业体系。2020 年全市肉蛋奶总产量超过140 万吨，畜牧业产值达 201.69 亿元，增长 5.6%。以稳步提升生猪恢复性发展为主线，以做大做强肉鸡产业为抓手，积极争取落实新冠疫情期间各项扶持政策和产业发展政策，加快基础设施升级，进一步提升畜禽养殖效率效益。2020 年全市出栏肉鸡 3.2 亿只，鸡肉产量 64 万吨，占肉类总产量的 61%，肉鸡产业已成为烟台第一大畜牧产业。2020 年全市生猪存栏 318 万头、出栏458 万头，分别恢复到 2017 年的 98% 和 80%，分别完成年度计划的 115% 和110%。烟台市畜禽规模养殖场达到 3 700 个，畜禽标准化规模养殖比重达到85%，位居山东省首位。共创建国家级畜禽养殖标准化示范场 45 个、省级示范场 164 个，均位居全省首位。

（3）果蔬产业高质量发展。加快建设果蔬特色产业引领区，以烟台苹果、大樱桃、莱阳梨和绿色蔬菜为重点，集成推广绿色生态生产管理技术，打造具有国际竞争力的果蔬特色产业引领区。2020 年蔬菜产量 234.53 万吨，增产2.2%；水果（含瓜果类）产量 741.75 万吨，增产 4.7%，超额完成全市乡村振兴战略规划的目标设定，其中苹果产量 589.0 万吨，增产 2.7%；大樱桃产量为 24 万吨，约占全国总量的 40%，总产值 50 多亿元。烟台苹果高质量发展深入推进，全市苹果种植总面积和总产量分别达 282.6 万亩、559 万吨，均居全国地级市首位；全市从事苹果产业的人员近 170 万人，产值近 200 亿元；烟台苹果内销 29 个省、市，出口遍及六大洲、30 多个国家和地区，常年出口 60 万吨，约占全国的 1/2；烟台苹果品牌价值高达 145.05 亿元，连续十二年蝉联中国果业第一品牌。

（4）渔业经济成为经济发展重要增长极。近年来，烟台深入贯彻落实海洋强国、海洋强省战略，聚焦海洋经济大市建设，主要海洋产业产值迈过 4 000 亿元大关，增长率达 6%，成为经济发展的重要增长极。"十三五"期间，全市渔业经济总产值由 946.6 亿元增至 1 116.7 亿元，年均增长 5.7%，已完成乡村振兴战略规划中 2020 年设定目标值的 93.06%；渔民人均纯收入年均增长 9.1%，增长速度超过全省平均水平。全市已建成 21 处省级以上水产原良种场，全市年产各类苗种 3 500 亿单位以上，产值 25 亿元以上。全市名贵鱼年产量达到 2.7 万吨、产值 12 亿元，成为全国最大的名贵鱼陆海接力养殖基地。2020 年烟台市建成省级以上海洋牧场示范区 37 个，其中国家级 17 个，海洋牧场总面积 120 万亩，"国鲍 1 号""长渔 1 号"2 座智能网箱投入使用，"百箱计划"正式启动。海洋牧场建设成为推进渔业转型升级的主引擎，推动渔业"接二连三"，将渔业与旅游、文化、健康等全产业链深度融合，海洋渔业三次产业结构优化为 31：43：26。

（5）科技创新助力农业产业增长。烟台在全市建立起以烟台农科院、莱州农科院等农业科研院所和农业龙头企业为主体的农业科技创新体系，形成了市、县、乡三级完善的农技推广网络。承担国家现代农业产业技术体系综合试验站 12 个，选育的烟农系列小麦、烟富系列苹果、登海系列玉米杂交种、丰抗系列大白菜等农业新品种处于国内领先水平。农业科技支撑能力日益增强，2020 年农业科技进步贡献率达到 67%，高出全省 2.44 个百分点，比乡村振兴战略规划中的目标设定值高出 1 个百分点。

2. 农业生产条件持续改善

（1）农业机械化水平持续提升。加快提升农业机械化装备水平，推动主要粮食作物生产全程机械化，打造烟台特色的林、果业机械化发展模式，加快推广牧渔林各业机械化技术。2020 年，全市主要农作物耕种收综合机械化率达到 91.6%，已完成乡村振兴战略规划目标的 98.49%。年末农业机械总动力 787.79 万千瓦，比上年增长 1.1%。其中大中型拖拉机达到 22 769 台，增长 5.0%。2017—2020 年烟台市农业机械总动力及增长率见图 3。

图 3　2017—2020 年烟台市农业机械总动力及增长率

（2）农业基础设施建设进一步加强。新建高标准农田 26 万亩、发展高效节水灌溉 11 万亩。大力实施农田水利工程，推进末级渠系及田间工程改造，打通农田水利"最后一公里"。因地制宜兴建、提升中小型农田水利设施，加快建设现代农田灌排体系。大力推广管灌、喷灌、滴灌等高效节水灌溉技术，建成一批高效节水灌溉示范区。截至 2020 年，农田灌溉水有效利用系数提高到 0.6 以上，节水灌溉面积超过 300 万亩，实现乡村振兴战略规划中的预期目标。

（3）农业保险深入开展。扎实推进农业保险扩面增效，全市小麦、玉米政策性农业保险和苹果、葡萄等地方特色农产品保险承保面积 202.9 万亩，保费总收入 4 741.9 万元，提供风险保障 11.3 亿元，理赔面积 12.2 万亩，理赔金额 1 891.5 万元，投保面积和保险费收入均超额完成三重工作任务目标。

（4）农业经营模式多样化明显。强化龙头企业带动，依托农业龙头企业，推广"龙头企业＋生产基地"经营模式，发展适度规模经营，建设一批现代农业产业园和田园综合体。2017—2020 年，烟台市农民专业合作社数量连年增加，2020 年达到 1.87 万家，年均增长率超过 10%，远高于乡村振兴战略规划中 1.6 万家左右的目标预期，家庭农场超过 3 600 家，新型农业经营主体成为农业现代化的主力军，有效促进了小农户与现代农业有机衔接（图 4）。

图 4　2017—2020 年烟台市农业专业合作社数量及增长率

3. 农业产业化水平明显提高

（1）农业结构调整持续优化。加快农业产业结构战略性调整，推进农林牧渔循环发展。优化种植业结构，大力发展名优特新经济作物，稳步扩大"粮改饲"面积，推动全市粮经作物二元结构稳步向粮经饲三元结构转变，完成粮改饲面积 8 万亩以上，粮经饲比例优化至 42∶57∶1。重点打造粮油、蔬菜、水果、水产、畜牧等五大支柱产业，围绕粮油加工、果品加工储藏、蔬菜加工、畜产品加工、水产品加工、粉丝加工、葡萄酒酿造七大产业集群，培育优势产业带，培强优势特色产业区，壮大地方名特优新品牌产品，形成产加销、贸工农、康养游多元协调发展、多极支撑的现代产业结构。2020年，农产品加工业产值在农林牧渔总产值中所占份额达到 3.8%，创建优质水果标准化生产基地 120 万亩，设施蔬菜面积占比 50% 以上，新发展特色经济林、用材林 6 万亩，新发展林下经济 11 万亩，畜禽标准化规模养殖比重达到 95%。2017—2020 年烟台市农业产业产值结构见图 5。

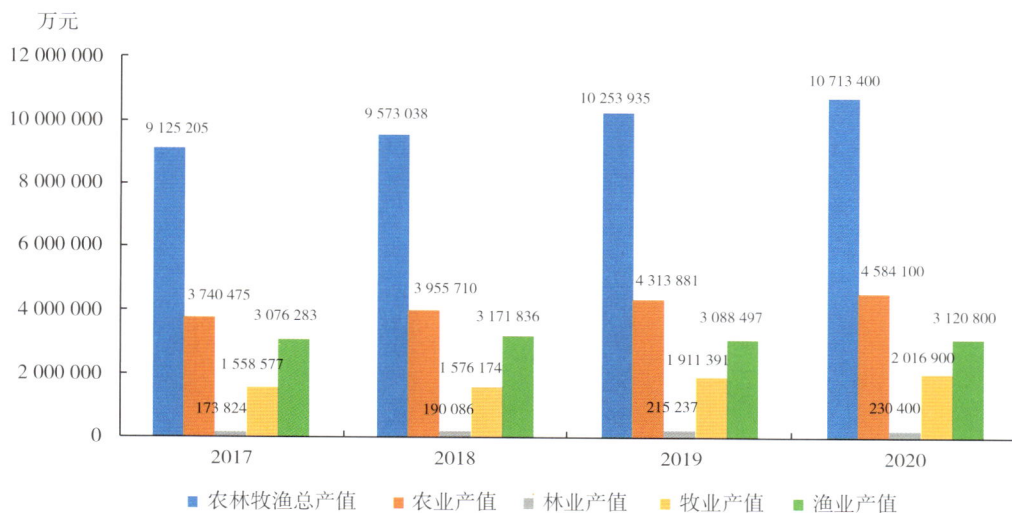

图 5 2017—2020 年烟台市农业产业产值结构

（2）农村产业深度融合稳步提升。深入实施农村产业融合发展"百县千乡万村"试点示范工程，开展农业"新六产"示范县、示范主体创建，带动形成百亿级、千亿级农村产业融合发展集群，创建国家级和省级农村产业融合发展示范园、先导区，2020 年全市百亿级以上农村产业融合发展集群数量达到 4 个。推动休闲农业、智慧农业、创意农业等为重点的新业态成为促进农业加速发展的新动能，实现龙头企业集团化发展，合作社全链条发展，家庭农场特色化发展，全面提升自我发展能力和核心竞争力。构建全程覆盖、区域集成的新型农业社会化服务体系，带动农业产业链全面升级。培育和发展农商产业联盟、农业产业化联合体等新兴产业主体，打造一批产加销一体的全产业链企业集群，促进产业链条向高端延伸。2020 年，新业态增加值在农业增加值中的占比显著提高，农产品网络销售额达到 43.5 亿元以上，创建年交易额过 30 亿元的农产品加工园区 10 个以上；建立粮油、果品、蔬菜、水产、畜牧、粉丝、葡萄酒等农产品加工产业集群，年产值突破 2 000 亿元。

（3）农业互联网与物流网建设迅猛发展。创新农村电商模式，推进农产品电商物流配送和综合服务网络建设，建立符合电商行业及消费需求的农产品供给体系。海阳成功获批山东省淘宝直播"村播"试点县，在福山、海阳建设全省首批"淘宝直播基地村播学院"、数量居全省首位；阿里巴巴认定全市淘宝村达到 12 个，淘宝镇达到 3 个。培育了烟台泉源食品、招远大户陈家等高标准的农业物联网建设典型，在 6 个区市 7 个企业的规模化基地开展物联网建设试点，在省内率先开展农业特色互联网小镇建设试点。全市有 800 余家农业龙头企业、合作社等新型农业经营主体开展农产品电商业务，注册淘宝卖家突破 4.8 万个，农村网络卖家超过 1.1 万家，总数居全省第 2 位。

（4）农业区域公用品牌建设卓有成效。先后编制了《烟台苹果品牌战略规划》和《烟台大樱桃品牌标识体系规划》，大力实施"区域品牌、产品品牌、企业品牌"三位一体品牌建设发展战略，并以此带动县市区深入挖掘地方特色品牌，以"蓬莱好品"为代表的县域公用品牌不断涌现，形成了"规划引领、市级先行、县级协同参与"的区域品牌发展框架。"栖霞苹果"获得第五批省知名农产品区域公用品牌，"登海"牌种子等 9 个企业品牌入选省知名农产品企业产品品牌，总数居全省首位。目前，烟台苹果等 17 个农产品获农产品地理标志。实施苹果品牌战略，在大中城市、大型果品市场、大型超市等设立烟台苹果形象店 100 个，按照"海陆空、市内外、线上线下"的宣传思路，全方位、多渠道、立体化加强品牌推广，累计在中央电视台、人民日报等主流媒体专题报道 700 余次，全年线上苹果销售约 37 万吨、同比增长 24%。烟台苹果已连续十二年蝉联中国果业第一品牌，品牌价值达 145.05 亿元，并成功入选中国特色农产品优势区。烟台市"山东省知名农产品区域公用品牌"达到 5 个，完成乡村振兴战略规划的目标设定；"山东省知名农产品企业产品品牌"达到 48 个，总量位居全省第一，基本实现乡村振兴战略规划的目标预期。无公害农产品、绿色食品、有机农产品和农产品地理标志获证产品 10 275 个，增长 1.6%。

（5）搭建现代农业发展平台。深入开展国家、省、市、县现代农业产业园四级联创，创建现有国家级现代农业产业园 1 个、省级 6 个、市级 9 个，现代农业产业园发展形成梯次推进格局。全面指导 3 个省级、9 个市级乡村振兴齐鲁样板示范区建设，扎实做好省级验收准备工作。莱州市、龙口市入选省部共同打造乡村振兴齐鲁样板示范县暨率先基本实现农业农村现代化试点县，为全面推进乡村振兴、实现农业农村现代化提供典型示范和先行经验。

4. 农产品质量安全水平大幅提高

加强农业品牌认证、监管、保护等各环节的规范与管理，加快构建"企业主体、政府引导、专家指导、部门联动、社会参与"的农产品品牌建设机制，农业竞争力明显提升。先后制定了红富士苹果、烟台大樱桃地理标志产品地方标准等 27 种无公害农产品生产技术操作规程、10 种绿色食品生产操作规范，累计制定推广"三品一标"技术规程和出口农产品良好农业操作规定 277 项。建设了烟台市农产品质量安全监管追溯平台，对农产品生产管理、农药经营告知、农产品质量监测以及农产品质量安全监管实现信息化。强化农产品质量安全监管，2020 年，主要农产品抽检合格率 98.3%，全市 12 个区市获得省级以上农产品质量安全县命名，2018—2020 年全市"三品一标"种植业和畜牧业农产品分别新增 131、141 和 119 个，农产品质量安全抽检合格率与"三品一标"农产品数量均完成乡村振兴战略规划的预定目标。同时，烟台市先后被评为首个地市级"中国绿色食品城"和"山东省出口农产品质量安全示范市"。

（二）生态宜居

1. 农业绿色生产稳步开展

在经济作物区和井灌区发展管道输水灌溉，实现输水高效化。在果树、蔬菜经济作物规模化种植区推广滴灌、喷灌、微灌等水肥一体精准灌溉技术，扩大推广面积，持续推进化肥农药减量增效，集成推广全程绿色防控技术模式，2020 年推广面积超过 62 万亩。近年来，烟台市节水灌溉面积以每年 20 万亩的速度快速递增，2020 年全市节水灌溉面积已达 437 万亩，其中高标准节水面积 337 万亩，占总灌溉面积的 60% 以上。支持测土配方施肥整乡、整县推进，加快扩大配方肥施用范围，积极开展测土配方施肥面积 750 万亩，单位耕地面积化肥使用量较 2015 年下降 13%。加大禁限用高毒农药清查力度，推进专业化统防统治，以花生、蔬菜、果树等经济作物为重点，协调运用理化诱控、生物防治、生态调控、科学用药等绿色防控措施，集成推广全程绿色防控技术模式，农药使用量下降 21%。

围绕减量化再利用，建立生态农业示范基地，集成推广农业清洁生产、资源循环利用、废弃物无害化处理技术，推进基地内及周边区域农业资源生态消纳和循环利用，推进种养互促、农牧互促，提高全要素生产率，提高农业发展质量。加强农业废弃物资源化利用，全市畜禽粪污综合利用率达到 95%，规模养殖场粪污处理设施装备配套率达到 100%；加强农膜回收治理，全市地膜回收利用率 85%，棚膜回收利用率 92%，反光膜回收利用率 94%；大力推进秸秆综合利用，全市秸秆还田面积超过 380 万亩，综合利用率达 95% 以上。

2. 农村生活居住环境持续优化

（1）农村人居环境整治深入开展。积极推进农村厕所革命和环境卫生基础设施建设服务向农村延伸，全面打造城乡生活垃圾收运系统，进一步提高农村生活污水处理能力，到 2020 年，累计完成改厕 57.8 万户、无害化卫生户厕普及率达到 93.2%，完成乡村振兴战略规划中的既定目标的 98.11%；全部村庄实行生活垃圾城乡一体化处理，农村生活垃圾无害化处理率继续保持 100%，实现乡村振兴战略规划的既定目标；实现建制乡镇生活污水集中处理全覆盖，生活污水处理的建制村比例达到 44.59%，已完成乡村振兴战略规划预定目标的 89.18%；2017—2020 年烟台市整体森林覆盖率连续稳定在 36% 以上，远超全国 23.04% 的平均水平，全市 5 个乡镇、45 个村居获评山东省森林乡镇和森林村居，数量居全省首位；完成烟台市特色小镇总体概念规划以及村镇风貌设计导则、村庄规划编制技术导则，全市共编制镇（乡）总体规划 87 个，村庄规划编制率达到 100%。

（2）美丽乡村标准化建设水平逐渐提升。坚持在省内率先建成新时代美丽乡村的目标，在现有 A 类标准美丽乡村达到 20% 的基础上，2020 年实现 A 类标准美丽乡村达到 33%，在全省率先建成生态宜居的新时代美丽乡村。深入开展新时代美丽乡村建设三年行动计划，集中 2018—2020 年三年的时间，以镇域为基本单元进行全域推进、整体提升，每年培育新时代美丽乡村建设示范镇 10 个，建设新时代美丽乡村建成镇 30 个。围绕打造美丽乡村升级版，烟台市集中连片、突出特色，重点打造 14 个美丽乡村示范片、105 个样板村庄。示范片内 105 个样板村庄全部达到美丽乡村 A 级标准，其中省级示范村、美丽村居 67 个，市、县级以上美丽乡村 90 个。深入开展新时代美丽乡村建设"双百工程"，按照抓两头、促中间的工作思路，连续 3 年每年建设 100 个新时代美丽乡村示范村、提升 100 个后进村，不断提升美丽乡村建设整体水平。

（3）农村基础设施保障持续加强。加快农村饮水安全巩固提升工程建设，推进农村饮水同网、同源、同质，扩大集中规模化供水覆盖面，农村自来水普及率保持在 96% 以上，2020 年达到 96.5%。靠近城镇的村庄优先选择城镇的配水管网延伸供水，其他村庄提倡建设联村、联片、单村或分质供水设施。推进农村"四好"公路建设，在实现道路"村村通"的基础上，积极推进农村道路"户户通"，实现农村道路"户户通"村庄占比接近 90%，完成农村公路改造养护工程 1 657 公里，4 627 个村庄通户道路全部完成硬化。按照"统筹规划、条块结合、分层负责、联合建网"的原则，促进农村公路协调发展。坚持依法治路，加强路政管理和公路养护，制定长效养护机制和农村公路养护标准，逐步使农村公路的养护制度化、规范化。

（三）乡风文明

1. 扎实推进农村精神文明创建

深化文明村镇创建，研究出台《全市深化文明村镇创建实施意见》，根据《山东省文明村镇考核标准》，深化文明村镇评选和动态管理。实施"百镇千村"建设示范工程，连片打造乡村文明行动示范片区。从 2018 年开始，烟台市下辖县（市、区）每年打造 23 个特色示范片区，通过片区特色示范，力求实现所有村镇达到县级及以上文明村镇标准。2020 年，烟台市深化拓展新时代文明实践中心建设，建成县级实践中心 15 个，镇（街）实践所 164 个，实现市域全覆盖，村（居）实践站 5 842 个，市域覆盖率超过 85%，文明达标村市域覆盖率达到 89.35%（图 6、图 7）。县级以上文明实践队伍达到 1 805 支，文明实践志愿者超过 70 万人，开展文明实践活动 10 万余场次，文明新风滋养乡情；乡村文化队伍重点基层文艺骨干超过 1 万人，秧歌队、舞蹈队等业余文艺团队总数超过 3 900 支，每年文化下乡演出超过 6 000 余场次，形式多样的基层文化活动浸润乡土。

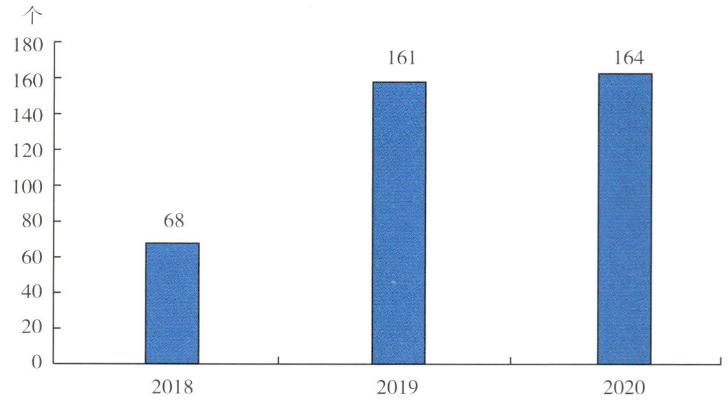

图 6　2018—2020 年新时代文明镇（街）实践所数量统计

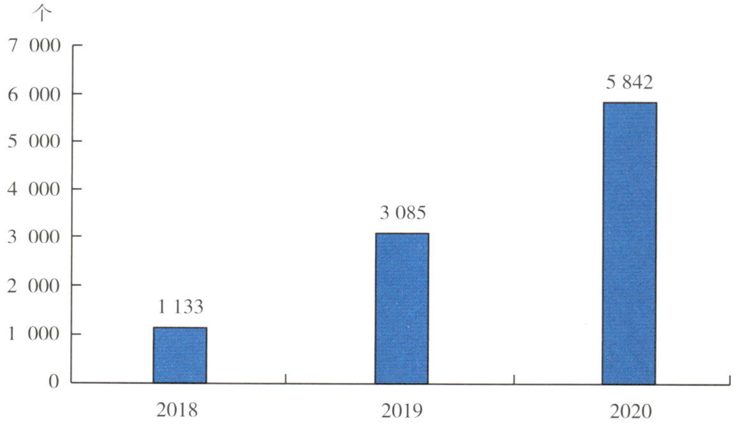

图 7　2018—2020 年新时代文明村（居）实践站数量统计

2. 农村人才培训工作多方位落实

（1）乡村人才队伍建设再上新层次。推动完善提升“烟台乡村之星”工程，加大选拔优秀实用人才力度，引领带动农村实用人才建设。注重发挥优秀实用人才的示范作用，认定一批带动能力强、有一技之长的“土专家”“田秀才"，扶持培养一批农业职业经理人、经纪人，培养一批技术精湛、扎根农村、热爱乡村的乡村工匠、文化能人、非物质文化遗产继承人等。统筹整合和充分利用有关资源，发挥省现代农业产业技术体系创新团队作用，着力培养一批掌握先进理论知识和前沿科学技术的农村实用人才，实施乡村技能培训计划，围绕农技推广应用、农业生产生活服务等方面，争取对农村劳动力有计划、分批次、多层次进行普遍培训，提升乡村就业人员新技能。组织开展"万名科技人员下乡"活动，通过在线培训、在线指导、在线答疑，定期发布农业科技信息和生产实用技术，为农业生产提供科技服务，并在全市组织开展大规模农民科技培训。截至 2020 年 12 月底，全市共举办各类培训班 1 400 多场次，培训各类农村实用人才 10.2 万人次，已完成全年 6 万人培训目标任务。实施百万新型农民技能提升计划，完成农村劳动力向非农产业和城镇转移培训 1.9 万人。开展全域旅游人才提升三年行动，培训乡村旅游、文化人才 5 000 余人。依托市农业广播电视学校组织实施新型农业经营主体带头人等培养行动，共培训 19 期 3 026 人，已完成全年培训任务。

（2）新农村新生活新农民培训提升工程积极开展。开展家居生活培训，实施"美丽庭院"创建活动，推动环境治理由村庄向家庭延伸。开展伦理道德培训和亲子教育培训，引导农村父母树立正确的家庭教育观，为农村未成年人健康成长提供良好的家庭环境。实施农民科学素质提升行动，开展科学素质培训和新型农民培训。加强农村科普公共服务建设，建立健全农村科普长效机制，开展群众性、基础性、经常性的农村科普活动。实施农村青少年科学素质提升行动。开展卫生健康培训，关注农民心理健康。加强健康村镇建设，大力开展农村爱国卫生运动。培训、配备农村社区社会体育指导员，普及发展农民健身运动。新农村新生活新农民培训数量由 2017 年的 12 275人次，增加到 2020 年 27 300 余人次，同比增长 122.40%，超额完成乡村振兴战略规划的预期目标。

3. 农村文化基础服务全面提升

在农村乡风文明文化服务方面，烟台市由"硬件"均等转向"软硬"兼施，在加大对乡镇卫生院硬件设施投入的同时，注重对农村医护人员素质的培养。加强乡村小规模学校和乡镇寄宿制学校建设，为农村孩子提供公平有质量的义务教育。建立乡村教师、医务人员补充机制，通过稳步提高待遇增强乡村岗位吸引力。试点推广城乡教育联合体和县城医共体建设，增强乡村公共服务"软"实力。充分发挥乡村文化设施的作用，丰富乡村文化内涵，将乡村文化阵地建成提升农民素质的"新平台"、学习新技术的"加油站"、传播乡风文明的"靶向"和滋润农民心灵的"纽带"。烟台市建有体育健身场所的村庄比例由 2017 年的 92.7% 增加到 2020 年 95%；村级综合文化中心达标率达到 100%；农村九年义务教育巩固率与农村学前三年毛入园率均实现 99% 的预定目标。

（四）治理有效

1. 组织引领成绩斐然

（1）党建引领成效显著。在全国首创"党支部领办合作社"经验，在多措并举努力发展特色产业实现农村脱贫、农民增收的同时，全面推开村党支部领办合作社模式，村集体以集体资产、资源入股，群众以劳动力、土地等入股，把党支部政治优势同合作社经济优势有机结合，把农户组织起来、土地整合起来、管理统一起来，使群众和集体成为抱团发展的"共同体"。截至 2020 年 10 月，烟台共有 2 779 个村党支部领办合作社，占全市行政村总数的 43%，带动新增集体收入 4 亿元，带动群众新增收入 5 亿元，相关做法获评"中国三农创新十大榜样"。2020 年，烟台市党建融合发展示范区达到 300 个，覆盖全市 40% 左右村庄。其中，党建融合发展区村庄联合发展致富项目 456 个，带动入社群众人均增收 5 100 元，村均增收 7.5 万元。

（2）农村示范区建设工作进一步加强。突出区域化统筹，按照"地域相邻、产业相近、治理相融、人缘相亲"原则，打破以行政村为单位的地域束缚，按照辐射 2～3 公里半径的区域定位创建农村党建示范区，通过示范区党委（党总支）统筹整合区域内人才、产业、项目、设施等资源，形成连片发展、连片过硬的大党建工作格局。建立"一核心五统筹"工作机制，建强示范区党组织核心，由传统的"村居建党"向"区块建党"转变，统筹活动阵地建设、党员管理、产业发展、村级治理、公共服务，发挥集群效应，实现互联互促、统筹发展、一体提升。到 2020 年年底，全市建成党建融合发展示范区 300 个，管理规范示范区数量达到 1 000 个，农村社区服务站普及率达到 100%（图 8）。

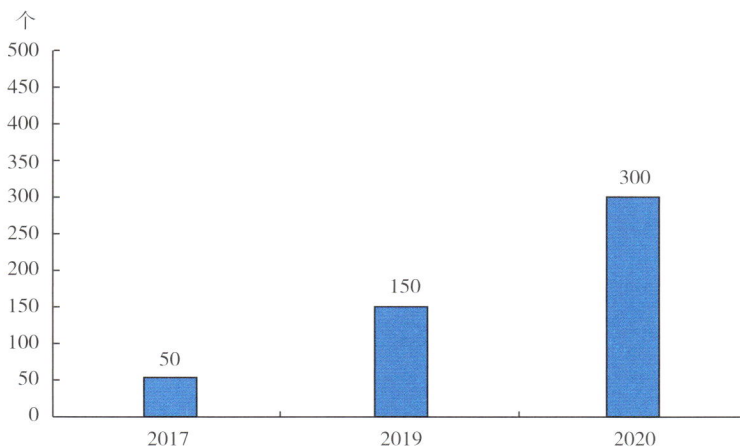

个

图 8　2017—2020 年农村党建示范区数量统计

2. 治理有效初步显现

（1）综治中心标准化建设持续推进。按照国家、省标准，建立"9+N"模式的镇街综治中心机构，通过组织集中办公等方式，整合有关基层力量，依托综治信息系统，建立协作配合、精干高效、便民利民的实体化工作平台。组建综治干部队伍、综治中心队伍、网格员队伍和村居专业综治力量等"四支队伍"。积极推进镇、村两级综治中心实体化建设、规范化运作，实行办公场所、设备设施、标志标识、规章制度、机制流程、档案台账等"六统一"建设模式。建立相关信息汇总、治安分析研判、问题责任分解、督察督导落实的"四步闭环"工作机制。截至 2020 年，全市镇、村两级综治中心建成率分别达到 100% 和 95%，村级网格化服务管理覆盖率达到 100%，均实现全市乡村振兴战略规划的既定目标。

（2）村集体经济实力明显提升。发挥村党组织对发展经济的引领作用，开展"党支部＋合作社"百村示范行动，在全市筛选 100 个村探索推行"党支部＋合作社"发展村级集体经济模式，鼓励和引导农民加入合作社，把各类资源集中起来，把农民组织起来，提升村级集体经济实力，示范带动全市村级集体经济提档升级。将扶持发展集体经济列入市级涉农资金任务清单，加大政策资金支持。设立村级集体经济发展专项资金，用于扶持集体经济发展。开展集体经济示范村"双百"评选，每年评选 100 个"干事创业红旗村"和 100 个"干事创业进步村"。2020 年"干事创业红旗村"及"干事创业进步村"数量达到 980 个，较 2017 年增长 157.89%。指导县级党委、政府制订发展村级集体经济全域提升三年行动计划，明确任务目标、进度安排和考核激励办法；发挥乡镇（街道）龙头作用，科学制订镇村年度计划、增收目标和推进措施，充分调动农村党员群众积极性，因村制宜发展集体经济增收项目。2019 年基本消除集体经济空壳村，2020 年底基本消除集体收入 3 万元以下村。

（五）生活富裕

1. 农村集体产权制度改革全面推进

大力开展农村集体产权制度改革试点，推动资源变资产、资金变股金、农民变股东。分类推进农村集体资源性、经营性和非经营性资产改革。将改革工作扩大到所有涉农乡镇（街道），重点开展清产核资、成员身份确认等基础性工作，2018 年完成全部涉农村居的清产核资工作，完成 50% 以上涉农村（居）的改革任务；2019 年基本完成改革任务，赋予全国统一社会信用代码并发放新型农村集体经济组织证书；2020 年开展扫尾工作，基本建立起符合市场经济要求的农村集体经济运行新机制，全市 6 439 个涉村（组）完成集体产权清产核资、身份确认、股权量化、成立集体经济组织等工作，占总村数的99.97%，基本建立了归属清晰、权责明确、保护严格、流转顺畅的现代农村集体产权保护制度，有力保障了农民合法权益。

2. 农民收入连年增加

"十三五"期间，烟台市农民收入水平不断提高。截至 2020 年，烟台市农村居民人均可支配收入 22 305 元，较 2015 年增长 35.13%，比全省平均水平高 18.34%，同比增长 9.2%，创下"十三五"以来的最高增幅，超额完成烟台市乡村振兴战略规划中 2020 年度的 22 200 元的预定目标值（图 9）。

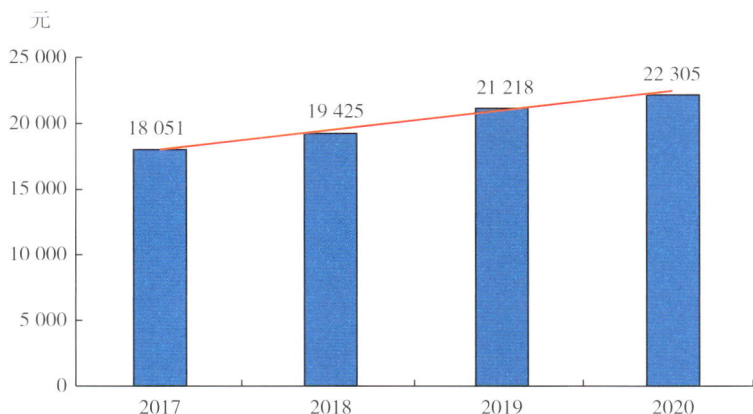

图 9 2017—2020 年农村人均可支配收入统计

3. 农民生活水平持续提高

在当前经济形势下，扩大消费需求已经成为促进经济增长的关键，社会消费品零售总额作为反映消费需求状况的重要指标，可以间接反映一个地区人民的生活水平。2017—2020 年，烟台市乡村社会消费品零售总额呈逐渐上升态势，由 2017 年的 510.49 亿元增加到 2020 年的 615.31 亿元，年均增长率为 6.44%，烟台市农村居民的整体生活水平持续提高（图 10）。

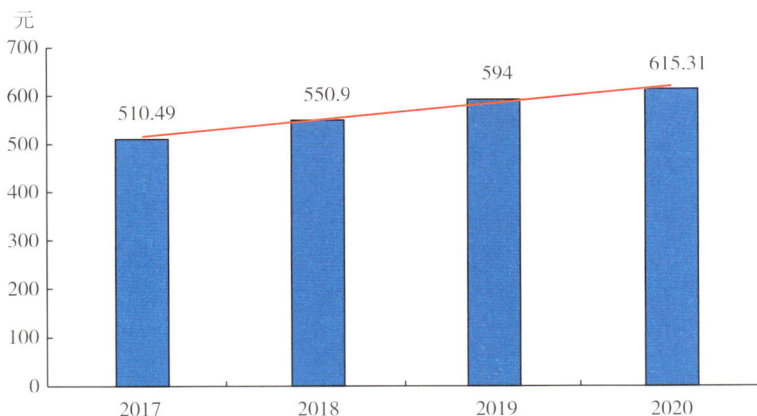

图 10 2017—2020 年乡村消费品零售额分布

4. 城乡差距逐渐缩小

城乡居民收入差距持续缩小，2010 年以来，农民收入增幅 9 年高于城镇居民，目前城乡居民收入比由 2017 年的 2.32∶1，达到 2020 年的 2.22∶1，优于全国、全省平均水平，农村居民人均可支配收入提前两年实现比 2010 年翻一番的目标（图 11）。

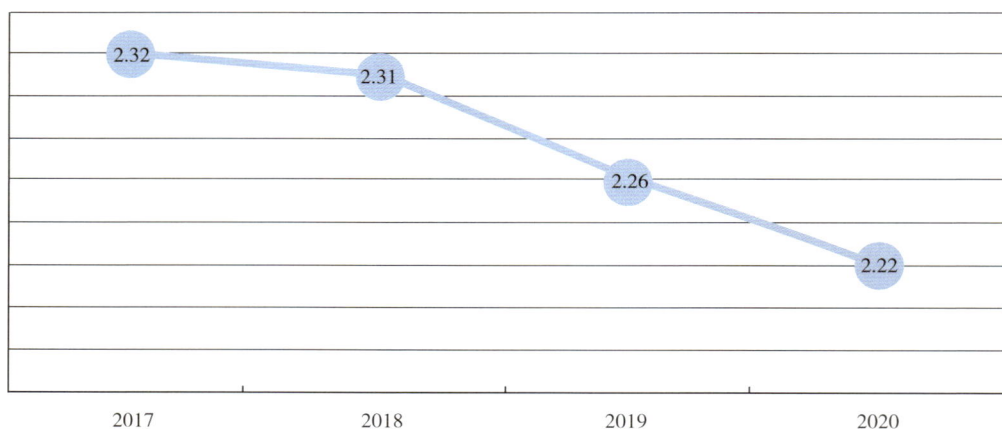

图 11　2017—2020 年城乡居民收入比统计

5. 农村居民恩格尔系数逐年下降

近年来，烟台市农村居民恩格尔系数呈逐年下降的趋势，由 2017 年的 36.04% 下降到 2019 年的 32.39%，年度间下降趋势较为明显（图 12）。说明，随着经济社会的持续发展，烟台市农村地区的消费结构亦在不断升级。

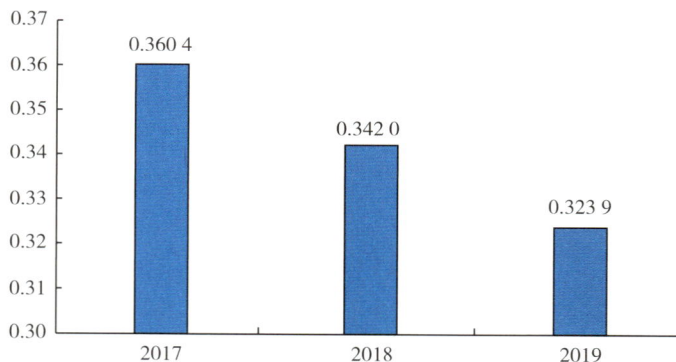

图 12　2017—2019 年农村居民恩格尔系数

▌ 四、总结

"十三五"期间，尤其是 2020 年，烟台市始终把实施乡村振兴战略作为新时代"三农"工作的总抓手，2018—2020 年连续 3 年市委 1 号文件都聚焦"三农"工作和乡村振兴，出台《烟台市乡村振兴战略规划（2018—2022）》加强规划指引，形成了一揽子政策的支持。市委、市政府主要领导亲自部署、亲自督导，各县市区委书记当好乡村振兴"一线总指挥"，市县两级均成立乡村振兴 5 个工作专班，统筹推进乡村振兴战略实施，努力创造乡村振兴的"烟台实践"，推动"五大振兴"形成烟台亮点，奋力谱写了齐鲁样板的烟台篇章。2020 年，烟台市克服了新冠肺炎疫情的不利影响，研究选取的 52 项三级考核指标中，完成或超额完成的指标超过 90%，少数未实现预期的指标已完成程度超过 90% 甚至更高。整体来看，烟台市较好完成了《烟台市乡村振兴战略规划（2018—2022 年)》设定的年度阶段性目标，乡村振兴战略实施取得阶段性成效。

"十四五"开局之年，烟台市继续以"抓重点、补短板、强弱项"为工作方针，以产业兴旺、生态宜居、乡风文明、治理有效、生活富裕的乡村振兴总要求为努力方向，以战略规划设定的具体目标为参照，继续推行乡村振兴实绩考核制度，压实市县党政领导班子和领导干部责任，调动企业、社会团体、农村基层组织和农民等各方主体的积极性和创造性，以更大的热情和更多的精力投入到烟台市乡村振兴战略实施的进程中来。不断推动农业综合实力持续增强，农村整体面貌持续改善，乡村社会文明程度持续提升，农民生活水平持续提高，为烟台市率先在全省实现农业农村现代化，谱写美好的乡村振兴齐鲁样板烟台篇章而不懈奋斗。

III 专项报告 PART THREE

烟台市乡村振兴
重点工程掠影

牟平区王格庄镇
（烟台市农业农村局供图）

脱贫攻坚圆满收官

脱贫攻坚以来，烟台市坚持以习近平总书记关于扶贫工作的重要论述为指引，认真贯彻落实中央脱贫攻坚决策部署和省委、省政府工作要求，尽锐出战、精准施策，投入力度逐年加大，脱贫质量持续提高，长效机制逐步建立，脱贫攻坚取得决定性成就。全市建档立卡贫困人口、扶贫工作重点村全部实现稳定脱贫，累计实施产业扶贫项目 658 个。省评估验收组对烟台脱贫攻坚工作开展评估验收时，给予"烟台脱贫攻坚总体情况好，高质量完成了脱贫攻坚目标任务"高度评价。2020 年年底，全市脱贫享受政策建档立卡贫困人口 35 682 户、55 078 人。

一、始终扛牢脱贫攻坚政治责任

市委市政府始终将打赢脱贫攻坚战作为重要政治任务和第一民生工程，认真学习习近平总书记关于扶贫工作的重要论述和重要指示批示精神，健全完善政策、资金、责任、指挥四大体系，持之以恒、坚持不懈推进各项任务落地落实。

（一）构建健全完善的脱贫攻坚政策支撑体系

打赢脱贫攻坚战，需要加强政策顶层设计。市委市政府先后出台打赢脱贫攻坚战意见、扶贫开发"十三五"规划、"332"扶贫工作重点县镇村集中攻坚意见等系列政策文件，领导小组出台建立贫困人口即时帮扶机制实施意见、扶贫资产管理办法等系列重要政策文件，领导小组成员单位分别制定《打赢脱贫攻坚战三年行动工作方案》，构建起脱贫攻坚"四梁八柱"政策体系。

（二）构建保障有力的扶贫资金投入体系

累计投入各级财政专项扶贫资金 6.5 亿元，年均增长 10% 以上。其中

2020年安排专项扶贫资金1.66亿元，重点向"332"扶贫工作重点县镇村和277个省扶贫工作重点村倾斜，支持扶贫工作重点村发展村级集体经济、强化基础设施建设，巩固扶贫工作重点村脱贫成果。免费为贫困群众购买扶贫特惠保险，支持孝善养老和公益专岗扶贫，重点解决"两不愁三保障"突出问题，巩固提升贫困群众脱贫质量。市级爱心捐款的50%用于扶贫脱贫，累计投入2 250万元。广泛开展金融扶贫，累计发放富民生产贷3.4亿元。

（三）构建层次分明的脱贫攻坚责任体系

市委、市政府主要领导带头落实"四级书记抓扶贫"，带头深入一线遍访扶贫对象，市县镇层层签订脱贫攻坚责任书，形成党委政府带头、行业部门配合、上下协同推进的良好局面。市县两级成立扶贫开发领导小组，党委主要负责同志任组长，相关部门单位主要负责同志为成员，市县镇3级层层建立专门扶贫机构，配齐配强专职工作人员，构建起高效运转的脱贫攻坚指挥体系。

（四）深入开展扶贫领域腐败和作风问题专项整治

将扶贫领域腐败和作风问题专项整治列为"不忘初心、牢记使命"主题教育10项专项整治之一，开展集中整治。坚持"聚光灯下干扶贫"，畅通12317扶贫政策咨询举报电话等渠道，在全市5 000余个有贫困人口的村居设立举报电话公告牌，及时受理解决扶贫政策咨询和问题线索举报，确保阳光扶贫、廉洁扶贫。

▌二、全力保障"两不愁三保障"和饮水安全

实现"两不愁三保障"，是打赢脱贫攻坚战的底线任务和标志性指标。烟台市全力保障贫困人口"两不愁三保障"和饮水安全。

（一）开展精准资助，阻断贫困"代际传递"

治贫先治愚，扶贫先扶智。全市建立控辍保学动态监测机制，现有义务教育阶段贫困学生1 191人，无一人失学辍学。全面落实教育资助减免政策，累计为贫困学生资助减免费用1.6万余人次、2 000余万元。

（二）筑牢多重保障，有效解决看病难看病贵问题

没有全民健康，就没有全面小康。全面落实贫困人口基本医保、大病保险、医疗救助、医疗机构减免、医疗商业补充保险、重特大疾病再救助"六重保障"和"一站式结算"，贫困群众合规医疗费用自付比例不超过 5%。在贫困人口家庭医生签约服务上，实现应签尽签、履约随访服务全覆盖，严重精神障碍贫困患者免费救治和集中收治。

（三）在住房安全保障方面，确保全部安全达标

逐户出具住房安全鉴定报告，发现一户改造安置一户。加强贫困户住房、饮水情况动态监测，逐户出具住房、饮水鉴定检测报告，纳入省改造范围的 2 658 户危房全部改造安置，确保所有建档立卡贫困户全部实现住房、饮水安全。其中，2020 年改造贫困户危房 35 户。

（四）确保饮用水安全放心

饮水安全保障方面，实施农村饮水安全巩固提升工程和攻坚行动，排查解决了 140 个扶贫工作重点村饮水安全和 803 户贫困户自来水"村通户不通"问题，所有贫困户均实现饮水安全。

（五）统筹防疫战贫

统筹防疫战贫，实现疫情防控与脱贫攻坚"两不误、双胜利"。积极推动扶贫项目复工复产，开发疫情防控公益专岗，开展"献爱心、送温暖"活动，为贫困群众配送生活物品 1.8 万户次，发放口罩 9.3 万个，帮助解决基本生活问题，疫情期间未发生因疫致贫返贫情况。

（六）加强动态监测帮扶，积极构建稳定脱贫长效机制

建立起农村人口致贫返贫动态监测即时帮扶机制，对因病、因残、因学、因灾、因意外、因疫情导致收入骤减、支出骤增的农户，即时发现即时纳入帮扶，针对性落实帮扶措施，全市纳入即时帮扶 296 户 600 人。

三、分类施策落实落细保障措施

（一）织牢织密兜底保障网

兜底保障是解决贫中之贫、困中之困、坚中之坚的最后防线方面。逐户

核查贫困人口低保政策落实情况，全市贫困人口中，享受农村低保 3.3 万人、享受特困供养人员 8 200 余人，占贫困人口的 72.8%，累计发放低保金 7.5 亿元、特困供养救助金 1.3 亿元、低保高龄补贴 3 400 余万元，贫困人口居民养老保险待遇应享尽享。

（二）持续强化残疾人服务保障

全市持证贫困残疾人 2.3 万余人，累计发放残疾人"两项补贴" 9 300 余万元，提供针对性康复服务 4 万人次，为 1.2 万户重度残疾人家庭实施无障碍改造。

（三）行政力量下沉对口帮扶

累计发放富民生产贷 3.2 亿元，带动贫困人口 5 700 余人。先后选派 3 轮第一书记，在岗第一书记 641 名，培育特色产业和致富项目 570 余个，促进村集体增收 1 300 余万元。扶贫工作重点村全部建成综合文化服务中心，17 个省旅游扶贫重点村均安排至少 1 家单位对口帮扶。277 个省扶贫工作重点村实现科技指导人员全覆盖。加强扶贫工作重点村电网建设改造，累计完成电网投资 2.2 亿元。

创新实施"双帮扶责任人"制度。县级机关事业单位、国有企业党员干部担任贫困户"第一帮扶责任人"，镇村党员干部、"两代表一委员"为"第二帮扶责任人"，4.48 万名帮扶责任人构建起"二帮一""多帮一"结对帮扶网。帮扶责任人扎实开展"帮、扶、送"，帮助贫困群众解决生产生活实际困难，贫困群众获得感、满意度持续提升。

（四）社会力量参与扶贫

动员社会各方面力量参与扶贫开发，着力激发社会扶贫强大动能。广泛动员社会力量参与脱贫攻坚。每逢 10 月 17 日"国家扶贫日"均召开新闻发布会，积极开展丰富多彩的扶贫助贫活动。扎实推进"百企帮百村"、国有企业结对帮扶扶贫工作重点村、消费扶贫、"金晖助老""牵手关爱"等各类活动，鼓励引导社会力量广泛参与脱贫攻坚。"百企帮百村"活动中 186 家企业投入 480 余万元，结对帮扶 139 个省扶贫工作重点村。扎实推进消费扶贫，认定"山东省扶贫产品" 203 个，20 余家电商企业参与"电商扶贫＋党支部领办合作社"行动。

（五）扎实开展孝善养老扶贫

以县为单位设立扶贫孝德基金，鼓励贫困家庭子女履行赡养义务，按照 10%～20% 比例发放奖补资金，3.2 万名贫困老人享受资金奖补，倡树孝老敬老文明新风。

（六）精准发力提升脱贫实效

烟台市坚持精准方略，切实提升脱贫实效。精准开展动态监测，每年开展扶贫对象动态调整和贫困户信息更新补录工作，严把数据质量、工作质量，确保工作务实、过程扎实、结果真实。建立农村贫困人口即时帮扶机制，对因病、因残、因灾等导致收入骤减、支出骤增的农户，即时发现即时纳入帮扶，针对性落实帮扶措施，坚决防止返贫和新致贫，目前全市纳入即时帮扶 288 户 586 人。

四、产业扶贫行业扶贫拔穷根

（一）深入推进公益专岗扶贫

精准实施创新举措，扎实开展公益专岗扶贫，因人因需开发设置家政服务、村务服务、村庄善治、产业辅助等 4 类扶贫公益专岗，为有一定劳动能力的贫困人口提供就地就近就业机会，全市 1.1 万名贫困群众参与公益专岗稳定增收，通过自身劳动实现有尊严的脱贫。

（二）持续强化产业扶贫

脱贫攻坚以来建设扶贫项目 1 780 个，其中产业扶贫项目 658 个，统一纳入农村"三资"平台统一管理，累计产生项目收益 6 923 万元，带动贫困人口 15 万余人次增收。

（三）支持扶贫工作重点区域全面发展

确定省扶贫工作重点村 277 个、市扶贫工作重点村 259 个，确定海阳、莱阳、栖霞 3 个市和 30 个镇作为市扶贫工作重点县镇，统筹推进村居基础设施建设、集体经济发展、人居环境改善。2017 年，277 个省扶贫工作重点村全部实现"五通十有"脱贫出列。2018—2020 年，所有省、市扶贫工作重点村集体经济、人居环境、基础设施和公共服务水平持续改善提升。

五、扶贫协作体现政治担当

（一）扎实开展烟台·德州扶贫协作

与德州市每年召开扶贫协作联席会议，援助德州财政专项扶贫协作资金1.02亿元，累计投入各类资金42亿元，实施扶贫协作项目62个。2020年采购德州农特产品和扶贫产品金额4.3亿元，累计捐款捐物折款1 200余万元。

（二）产业扶贫助力巫山人民奔小康

发展产业是实现脱贫的根本之策。烟台在对口帮扶巫山的过程中，立足当地资源禀赋，发展特色产业，延伸产业链条，实现产业发展的深度融合，以可见成效加快了巫山人民脱贫致富奔小康的步伐。从2017年至今，烟台已经累计投入3 000余万元，相继帮助巫山发展天麻、党参、葡萄等特色农业种植基地，发展提升柑橘、脆李等主导产业基地。

巫山脆李开摘了（图转自新华社）

在红椿乡规模化发展党参、川牛膝各 200 亩，带动近 150 户农民增收。助力巫山神女景区内的建平乡云台村打造万亩茶园，将成为集生产、体验、休闲、旅游于一体的综合性茶产业园区。结合旅游扶贫，万亩茶园项目将实施农村"三变改革"，建成后贫困户每年可获得 32% 的股权收益，户均可达 3 万元。除培育巫山本土特色产业外，烟台还针对两地特色水果产业发展特点，在巫山建设了烟台（巫山）农业产业园，开展了烟台特色产业转移工程。在金坪乡从烟台引进优良品种种植的 3 000 余亩秋月梨、大樱桃、甜柿，利用烟叶育苗大棚空闲期开展的高效设施蔬菜大棚实验取得成功，果园挂果后贫困户每年可获得 60% 股权收益，亩均增收近万元。

2018 年以来，烟台先后投入 1 700 万元帮扶资金，将原巫山工业园区老旧的基础设施和配套污水处理设施提档升级，增强对产业的承载能力和对贫困人口就业的带动能力。2019 年，依托巫山县工业园区，山东烟台（巫山）产业园、山东烟台·巫山"双创"中心相继挂牌成立，已入驻创业型企业 10 余家，为巫山中小微企业创新创业搭建了综合服务平台。2019 年 8 月至今，山东鹏安德迪国际集团、烟台葛悠农业科技有限公司、烟台程果农业发展有限公司纷纷在巫山注册成立农业综合服务、农产品电商、农产品加工类企业，为巫山脱贫攻坚、乡村振兴注入烟台元素，贡献烟台力量。

其中典型事例，烟台三嘉粉丝公司响应政府东西部扶贫协作的号召，2018 年在巫山注册成立了重庆巫峡粉丝有限公司，将分期投资 2 亿元在巫山建设粉丝粉条生产加工项目。目前，一期粉条加工项目已于 2019 年建成投产，吸纳当地劳动力 328 人就业，其中建卡贫困户就有 81 人。一期粉条加工项目年产量达 6 000 吨，产值 8 000 余万元，无论是生产规模、带动能力还是销售额，都一举成为巫山最大的农产品加工企业。

农村人居环境整治的现状、问题及对策

2020 年是全面建成小康社会和农村人居环境整治三年行动的收官之年、交账之年、大考之年。烟台围绕七个方面重点攻坚，在全市全面启动了新一轮农村人居环境整治，取得了突出成效。

一是在村容村貌提升上重点攻坚。以"干干净净迎小康"为主题，采取更加有力有效的措施，深入开展村庄清洁行动春季战役。引导农民群众自觉打扫房前屋后、屋内屋外、不乱倒生活垃圾污水，不乱堆柴草农具，不乱丢用过的口罩，做好环境卫生"门前三包"。结合"美丽庭院"创建，从调动农村妇女的积极性入手，动员家家户户美化庭院环境，助力农村疫情防控。组织开展散落遗弃农业生产废弃物集中清理，突出抓好村庄内外、果园地头的地膜、反光膜、苹果套袋和农药瓶、包装物清理回收。针对"四大堆"、杂草丛生、残垣断壁、乱贴乱画、乱堆乱放、私搭乱建和电线杂乱等老大难问题，迅速开展一次村容村貌提升和农房排查整治攻坚行动，年内创建清洁村庄 1 500 个以上。

二是在公共基础设施建设上重点攻坚。对标全面建成小康社会目标任务，全力补短板、强弱项、促提升，抓好农村基础设施建设。年内完成 1 390 公里"四好农村路"建设改造，扎实推进"村村通"；完成全市 5 817 个村庄通户道路硬化，基本实现"户户通"。实施村庄亮化、绿化工程，确保达到三年方案确定的目标要求。

三是在农村改厕上重点攻坚。坚持"建管并重"，高标准推进农村公共厕所建设，加大户厕改造实施力度，年内全市普及率稳定在 90% 以上。及时组织"回头看"，重点排查整改底数不清、质量不高、防冻措施差、验收监管不到位等问题，发现问题立即解决。建立健全维修服务、清运服务、利用处理三项制度体系，确保厕具坏了有人修、粪液满了有人清、清走之后有效用，在完善改厕规范升级和后续管护上持续用力。

四是在污水治理上重点攻坚。结合农村地理位置、地形条件、污水规模等要素，科学合理选择适宜的处理模式和工艺，合理确定污水处理设施及配套管网建设布局。做好污水治理和农村改厕有机结合、一体化推进，推广"单户厕改＋污水收集管网＋污水站处理达标排放"和"单户厕改＋单户就地污水处理设备＋污水收集管网排放"两种模式，切实做到互促共进。同时，以村庄周边、房前屋后河塘沟渠、排水沟等为重点，实施清淤疏浚，确保年底前彻底消除各类黑臭水体。

五是在垃圾治理上重点攻坚。注重抓好非正规垃圾堆放点再排查、再整治，全面清理"四边"（公路边、铁路边、河边、山边），以及村庄内外积存的建筑、生活垃圾和各类污染物。进一步夯实"户集、村收、镇运、县处理"生活垃圾收运处置体系，坚持"一把扫帚扫到底"，细化工作标准，提高保洁成效和管理水平，鼓励有条件的地方采取市场化、社会化运行模式。积极推动农村垃圾分类，从各级各类示范村庄着手实施，选择一些基础好的乡镇进行推广，迈开步子，加快推进。

六是在示范引领上重点攻坚。挖掘提炼、宣传推广成功经验、成熟做法，做到"干有样板、学有标杆"。按照实用管用、可操作的原则，抓紧落实村庄规划编制。高质量开展美丽乡村样板示范项目创建，重点打造14个交通便捷、主题突出、特色鲜明的美丽乡村样板示范片，培育105个凸显五个振兴、代表烟台美丽乡村建设水平样板村庄，努力打造乡村振兴齐鲁样板烟台篇章。

七是在长效机制上重点攻坚。探索推行多元化建管模式，健全财政补贴和农户付费合理分担机制，建立完善有制度、有标准、有队伍、有经费、有督查的"五有"管护长效机制，进一步巩固提升工作成果。建立督查评估机制，第三方机构每个季度进行一次暗访评估，市直有关部门每个季度对各自牵头负责工作进行督查评分，结果纳入年度县市区实施乡村振兴战略考核。建立宣传引导机制，坚持正面宣传与反面曝光相结合，综合运用电视、报纸、新媒体等平台，深入挖掘、大力宣传工作中的好经验、好做法，同时对工作推进慢、不到位的县镇和环境"脏乱差"的村庄进行通报曝光，在全市上下营造共同推动农村人居环境整治的浓厚氛围。

下一阶段，关键是要聚焦"短板、弱项"，深入分析研究，正视差距不足，拿出真招硬招抓落实。

一是要在村容村貌提升上下功夫，进一步抓好村庄清洁行动。当前，要结合疫情防控，以"干干净净迎小康"为主题，采取更加有力有效的措施，迅速掀起新一轮农村人居环境整治高潮。一是引导农民群众自觉打扫房前屋后、屋内屋外、不乱倒生活垃圾污水，不乱堆柴草农具，不乱丢用过的口罩，做好环境卫生"门前三包"。二是结合"美丽庭院"创建，从调动农村妇女的积极性入手，动员家家户户清理积水容器、清理户内外堆放的杂物、清理盆盆罐罐、清理屋顶楼台，铲除病毒细菌滋生环境，这既有助于新冠肺炎疫情防控，也能美化庭院环境。三是组织开展散落遗弃农业生产废弃物集中清理，重点就是村庄内外、果园地头的地膜、反光膜、苹果套袋和农药瓶、包装物。要指导农民群众加强畜禽养殖管理，及时清扫畜禽粪污，减少人畜共患病的传播风险。要加快推进农业生产废弃物资源化利用，提高畜禽养殖粪污和农作物秸秆综合利用率；推行"谁生产、谁回收"生产责任延伸制，健全废旧农膜、农业包装物回收利用体系。四是针对"四大堆"、杂草丛生、残垣断壁、乱贴乱画、乱堆乱放、私搭乱建和电线杂乱等老大难问题，迅速开展一次村容村貌提升的攻坚行动。要把清洁村庄建设和村容村貌整治结合起来，通过村容村貌治理创建清洁村庄，利用清洁村庄建设巩固村容村貌治理成果。

二是要在公共基础设施建设上下功夫，进一步补齐短板弱项。2020年中央1号文件明确提出，对标全面建成小康社会目标任务，农村基础设施和公共服务还存在8个方面的短板。具体到烟台市，目前主要短板是农村道路硬化、村庄绿化和亮化的差距大。这三项工作的情况，直接反映出乡村是否美丽宜居，与农民群众的生产生活息息相关。要按照"雨天不踩泥、晴天不起土"的基本原则，结合村庄特色，利用本地资源，选择合理硬化方式，稳步提升硬化标准，分类推进村庄道路硬化，并同步设计施工给水、排水、电力、通信、绿化等基础设施或预留管线埋设空间。

三是要在农村改厕上下功夫，进一步巩固提升工作成果。农村改厕事关老百姓健康福祉，群众关注度很高，媒体曝光度也很高。一方面，高标准推进农村公共厕所建设。年内全部乡镇和涉农街道 300 户以上自然村至少要建设一座符合标准的公共厕所。同时，加大户厕改造实施力度，年内完成农村户厕改造任务，全市普及率稳定在 90% 以上。另一方面，要在完善改厕规范升级和后续管护上持续用力。已经完成改厕任务的，要及时组织"回头看"，重点排查整改底数不清、质量不高、防冻措施差、验收监管不到位等问题，发现问题立即解决。要建立健全维修服务、清运服务、利用处理三项制度体系，确保厕具坏了有人修、粪液满了有人清、清走之后有效用。

昆嵛区山村道路硬化（烟台市农业农村局供图）

四是要在污水治理上下功夫，进一步解决污染环境问题。农村生活污水治理，既是农村人居环境整治工作的重点所在，也是难点所在。对这项工作，一定要超前谋划，在保证质量的基础上，抓紧时间往前推进，避免前松后紧、等待观望。要按照全市农村生活污水治理行动方案要求，结合农村地理位置、地形条件、污水规模等要素，科学合理选择适宜的处理模式和工艺，合理确定污水处理设施及配套管网建设布局。要做好与改厕的有机结合，逐步向一体化模式过渡，切实做到互促共进。在做好农村生活污水治理的同时，要以村庄周边、房前屋后河塘沟渠、排水沟等为重点，实施清淤疏浚，采取综合措施恢复水生态，确保年底前彻底消除各类黑臭水体。

五是要在垃圾治理上下功夫，进一步提标扩面、专项治理。目前看，烟台市大部分村庄"有人扫"已经不是大问题了，但在"扫干净""保持住"方面还有很大差距。特别是一些死角盲区，经常出现反弹，垃圾清运不及时、随意乱扔乱倒现象未得到根本有效治理。针对这些问题，在下一步要注重抓好三点：一要集中开展专项治理。组织开展工业固废、生活垃圾、河湖水面漂浮垃圾、农业生产废弃物等非正规垃圾堆放点再排查、再整治，全面清理"四边"（公路边、铁路边、河边、山边），以及村庄内外积存的建筑、生活垃圾和各类污染物，彻底杜绝垃圾围村、垃圾围坝、工业垃圾上山下乡等问题，实现村庄周边无垃圾积存、街头巷尾干净通畅、房前屋后整齐清洁。二要完善生活垃圾收运处置体系。进一步夯实"户集、村收、镇运、县处理"体系，坚持"一把扫帚扫到底"，统筹城乡生活垃圾收运处理设施布局，提升垃圾收运能力，细化工作标准，提高保洁成效和管理水平，鼓励有条件的地方采取市场化、社会化运行模式。三要积极推动农村垃圾分类。

六是要在示范引领上下功夫，进一步强规划、树典型。各级各部门都要注意挖掘提炼、宣传推广成功经验、成熟做法，做到"干有样板、学有标杆"。要做好村庄规划编制。目前，多数村庄建设处于自发和无序状态，已编制的村庄规划也不同程度存在与村庄实际情况不符、落不了地等问题。村庄规划编制全市 2020 年的目标任务是有需要的村庄应编尽编，市自然资源和规划局要列出单子，明确进行规划编制的村庄数量和名单，细化量化工作进度和目标任务，按照实用管用、可操作的原则，抓紧落实规划编制工作。要深入推进美丽乡村示范创建。抓好省级美丽村居，乡村振兴"十百千"示范镇、示范村以及省级美丽乡村示范村。特别是要高质量开展美丽乡村样板示范项目创建，重点打造 14 个交通便捷、主题突出、特色鲜明的美丽乡村样板示范片，培育 105 个凸显五个振兴、代表烟台美丽乡村建设水平样板村庄。

七是要在长效机制上下功夫，进一步转变作风、抓好落实。农村人居环境整治在"治"，更在"管"，不能搞"一阵风"、抓"一阵子"，必须建立长效机制，常抓不懈、久久为功。要建立运行管护机制。要探索推行多元化建管模式，健全财政补贴和农户付费合理分担机制，建立完善有制度、有标准、

莱阳市村庄绿化（烟台市农业农村局供图）

有队伍、有经费、有督查的"五有"管护长效机制，进一步巩固提升工作成果。要建立群众参与机制。农民群众是农村人居环境整治的主体，推进农村人居环境整治的过程就是一场发动群众广泛参与的过程，需要打一场农村人居环境整治的"人民战争"。要探索建立政府、村集体、村民共谋、共建、共管、共享机制，切实提高村民的"主人翁"意识，不断增强村民参与人居环境整治的自觉性和主动性。要建立督查评估机制。

推进农村一二三产业融合
发展的重点难点和政策取向

推进农村一二三产业融合发展，是拓宽农业增收渠道、构建现代农业产业体系的重要举措，是加快转变农业发展方式、探索特色农业现代化道路的必然要求。2020年烟台市通过试点示范、探索路径、总结经验，不断提升农村产业融合发展总体水平，逐步形成产业链条完整、功能多样、业态丰富、利益联结紧密、产城融合更加协调的新格局，大力推进农业供给侧结构性改革，促进农产品加工业、休闲农业、乡村旅游和农村服务业转型升级发展，进一步提高农业质量效益和竞争力，增强农村发展活力，推进农村一二三产业融合发展成为农民持续较快增收的重要支撑。

一、扶持龙头企业健康发展，带动一二三产业深度融合

（一）科学合理规划，推进农村一二三产业融合发展

推进农村一二三产业融合发展，是拓宽农民增收渠道、转变农业发展方式、构建现代农业产业体系的重要举措。烟台市及各县市区科学合理规划农村一二三产业布局，按照全面规划、区域布局、分步实施、重点建设的思路，集聚区域农业资源优势，突出主导产业特色，农村一二三产业加快融合，农业"新六产"框架布局基本形成，农村电商、定制农业等新兴业态蓬勃发展。

如莱山区在市区范围内形成以瀑拉谷休闲产业集群项目为中心的南部葡萄种植产业带，以烟台市"菜篮子"工程示范基地为中心的中部果蔬特色产业带，以东方海洋科技有限公司、福祖食品等企业为中心的北部高端农产品

加工带。三带并驾齐驱，保障全区农业稳定有序发展。莱山区主动引导城市工商资本助力乡村振兴，为乡村振兴注入新活力，集中落户了渤海制药万亩梨园、广林农科特色葡萄基地、汇通树莓采摘休闲旅游园区等40多个促农致富项目，总投资超过12亿元，迅速发展起近郊乡村旅游、生态种植采摘、田园体验、绿色有机农业等产业，让农业成为有奔头的产业，农民成为有吸引力的职业，农村成为安居乐业的美丽家园。

长岛海洋生态文明综合试验区加快渔业由生产环节向产前、产后延伸，推动养殖、捕捞、加工、物流业相互融合，延伸产业链、提高价值链、拉长增收链，重点推动水产加工业发展。积极引导水产品加工企业向前延伸发展自身的标准化水产养殖基地和远洋捕捞船队；中间环节大力发展水产品精深加工，着力提高水产品的附加值；向后对接市场，建立冷链物流和营销网络。完善农产品物流体系，升级改造水产品批发市场，支持现代物流中心建设，推行订单生产，实现商贸市场与电子商务、物流配送、现货交易多渠道营销经营。积极推进渔业与旅游、教育、文化等产业的深度融合，积极发展休闲垂钓、观赏鱼、渔家乐、渔事体验、会展科普等休闲业态以及钓具、水族器材等相关配套产业，建设休闲综合型、垂钓娱乐型、渔业生态生产观光型、海鲜品赏型等一批特色鲜明、示范作用带动明显的休闲渔业基地，打造渔业与文化生态休闲旅游融合发展的新业态，实现渔业从生产向生态、生活功能拓展，在渔业一二三产业融合发展中转变渔业发展方式、带动渔民就业增收、推进美丽渔村建设和拉动消费升级。

福山区大力开发农业多种功能，通过保底分红、股份合作、利润返还等多种形式，让农民合理分享全产业链增值收益。福山区推进农产品加工业高水平发展，重点发展果蔬深加工产业，推进龙头企业加快产品结构升级；推进农产品加工业示范区、示范园区、示范企业创建；打造农产品销售公共服务平台，支持供销、邮政及各类企业把网点延伸到乡村；健全农产品稳定衔接机制，支持建设促进农村电子商务发展的基础设施，鼓励各类市场主体创新发展基于互联网的新型农业产业模式；实施乡村旅游示范创建活动，推进一产与旅游、教育、文化、康养等产业深度融合。

蓬莱市深入实施农村一二三产业融合发展试点项目，充分发挥示范带动作用。以全域旅游发展为契机，以高科技农业为重点，以全国休闲农业与乡村旅游示范县总体要求为依据，结合美丽乡村创建成果，开展乡村旅游提档升级工作，鼓励"公司＋合作社＋农户"乡村旅游发展模式，建设乡村旅游创客基地、休闲庄园、田园综合体等新载体，促进全市休闲农业和乡村旅游加快发展。

（二）实施龙头企业带动战略，不断提升产业发展活力

烟台市把深化农业产业化经营、加快现代农业发展作为富民强市的战略举措，目前已经拥有涉农上市企业 15 家，国家级农业产业化龙头企业达到 13 家、省级以上 72 家。农产品出口 32.95 亿美元，连续 10 年居全国地级市之首。农业科技创新迈出新步伐，农业物质技术装备条件得到极大改善，拥有国家农业科技园区 2 处、省级农业高新技术产业示范园区 2 处、省级农业科技园 9 处。烟台各县市区通过各种方式促进农业龙头企业发展，实施"龙头"带动战略，不断提升产业发展活力，依靠"龙头"的强力拉动，实现了农业产业的快速发展。

为解决县域农业企业规模小、技术含量低、装备差的问题，蓬莱市广泛开展挂靠联合、招商引资，借助外力培育新"龙头"。仅葡萄及葡萄酒产业方面，就成功引进了中粮长城、烟台张裕、天津王朝、新天国际、华东百利等国内葡萄酒业"巨头"，以及法国拉菲特、法国瑞枫奥塞斯、意大利罗迪、英国登龙红、菲律宾康达等国外知名企业入驻蓬莱投资建厂，推动了蓬莱干葡萄酒产量的迅速攀升。针对县域农业规模较小、拉动力不强的状况，蓬莱市规划建设了 18 公里葡萄长廊，吸引葡萄酒生产和加工企业集中入驻，形成集聚和规模效应。同时，围绕海洋食品加工业的发展现状，在潮水镇建立了海洋食品工业园，对园区企业从技术、资金、税收等方面进行全方位、一站式服务，目前，已经吸纳烟台裕源食品有限公司、蓬莱佳味食品有限公司等多家企业进驻。

莱阳市是中国绿色食品城，农业产业化属于全国的"先行者"，先后培育出省级以上农业产业化龙头企业 16 家、规模以上食品加工制造企业 80 家。

近年来，莱阳市发挥骨干企业的集群优势和引领作用，以土地规模化流转、村企共建为着力点，创立了"龙头企业＋合作社＋基地＋农户"的成熟发展模式，探索出"股份合作、保本分红""订单收购＋利润二次分配"等多种利益联结机制，有效促进产业链增值、价值链提升。在龙头企业带动下，形成了以大水岔村为代表的高油酸花生种植、以南官庄村为代表的果业、以埠前村为代表的蔬菜种植等特色村庄300余个，发展绿色高产粮食生产基地48.9万亩、高效特色果园43.7万亩、优质标准蔬菜基地45万亩，一二三产业融合发展经验被作为典型推荐至中央改革办。

招远市培育多元融合主体，支持农业产业化龙头企业发展，新建成市级现代农业产业园1个，重点培育21家烟台市级以上农业龙头企业，逐步扩强粮油、果品、粉丝等农产品加工产业集群，培育烟台市级示范农民合作社7个、合作社联合社9个、社会化示范服务组织4个、示范家庭农场2个。福山区主导产业再造新优势，实施规模驱动、科技推动，调整优化农业结构，巩固果品、畜牧、蔬菜三大主导产业，农业标准化、质量效益、市场竞争力显著增强。

（三）推进现代农业园区建设，搭建产业发展新载体

建设现代农业产业园，是推进农业供给侧结构性改革、加快农业现代化的重大举措，是培育农业农村经济发展新动能和推进农民增收机制创新的重要载体。烟台市以强化基础、保障供给为重点，推进建设各种特色农业园区，全市加快建设优质粮油生产功能区，以优质玉米、小麦和花生为重点，实施粮食高产创建平台等系列粮食增产工程，确保优质粮油产能产量，打造具有市场竞争力的优质粮油生产功能区。加快建设果蔬特色产业引领区，以烟台苹果、大樱桃、莱阳梨和绿色蔬菜为重点，集成推广绿色生态生产管理技术，打造具有国际竞争力的果蔬特色产业引领区。加快建设现代畜牧示范区，大力发展肉鸡、生猪、牛肉、畜禽良种产业及畜产品加工业，稳妥发展特色养殖业，严格控制水禽、黄羽肉鸡、毛皮动物发展。加快提升农业机械化装备水平，推动主要粮食作物生产全程机械化，打造烟台特色的林、果业机械化发展模式，加快推广牧渔林各业机械化技术。

　　福山区在产业振兴的进程中，以争创省级现代农业产业园为契机，高标准打造福山区大樱桃产业园，开展"生产＋加工＋科技＋营销"全产业链开发，促进绿色发展和产业链延伸的深度融合，提出"产业＋园区＋示范区＋'一村一品'"的农业产业发展新模式，由大到小、由面到点，分类指导、精准施策，做大做强大樱桃主导产业，发展现代农业产业园，打造乡村振兴示范区，培育"一村一品"，充分激发农业农村发展新动能。栖霞市全面实施"互联网＋"战略。积极培育多类型、多功能电子商务经营主体，建设以第三方平台为依托，以电商园区为载体，以龙头企业为骨干，以农村和农产品电商为主体，以行业门户网站为补充，线上线下相结合，市镇村三级服务体系相配套的电子商务发展格局。

　　栖霞市立足于现代农业产业园和农业科技园 2 个国家级园区和耕读艾山田园综合体，整合聚集优势资源要素，以农村产业融合发展示范园建设为抓手，依托新技术渗透带动农村一二三产业融合发展，打造农村产业融合发展的示范样板和平台载体，培育农村发展新动能，加快推进农业农村现代化。栖霞市国家现代农业产业园，规划占地面积 150 平方公里，核心区涉及 6 个镇街，179 个行政村，3.8 万农户，10.8 万人，主要建设苹果标准化种植园、精品苹果展示园、苹果加工物流园及农旅结合文化创意四个园区。产业园定位为大生态、大健康、大智慧的创建目标，创建过程中确定了"政府引导是关键，企业运营机制好；组织领办合作社，二次分红来养老；农民主体不能变，新型职业领风骚；三产融合兴乡村，共享经济看今朝"56 字方针，创新了"双重推进、利益联结、土地流转、智慧管理"四大机制，坚持"良田、良种、良法、良品"四良原则。截至 2019 年，栖霞全市已投入资金近 20 亿元，改造老劣果园 6.5 万亩，产业园建立了 141 个村党支部领办的合作社，发放给果农土地补偿金和劳务费 2 亿多元，初步解决了 4 000 多建档立卡贫困人口的脱贫问题。

（四）深挖农业产业文化，注重发展休闲观光农业

　　随着农村城市化进程的不断加快，烟台市把单纯的农产品生产基地建设成集生态旅游、休闲观光、生活体验于一体的生态休闲观光农业园，让农民

用最低的成本生产出最高的效益，提升"三农"附加值，逐步从原来的"靠农业吃饭"变为"靠农业赚钱"。另外，烟台还进行苹果文化建设。规划建设烟台苹果文化博物馆，弘扬"开放、包容、创新、拼搏"的烟台苹果文化精神。挖掘烟台苹果文化内涵，开发文化创意作品、艺术作品、影视作品、旅游纪念品，推进产业文化与产业经济同步发展。拓展苹果产业在乡村旅游、文化传承等方面的功能，促进乡村产业融合发展。开展形式多样的公益活动，提升烟台苹果知名度和美誉度。到 2020 年 9 月，完成苹果文化博物馆建设；2020—2022 年，每年举办烟台苹果公益活动。

农业采摘园是现代农业与旅游业结合的新模式，为进一步拓宽农业发展空间，莱山区积极打造高标准、高效益的农业采摘观光园，七星斋树莓、蓝莓、老桂大樱桃、泰富桑葚为代表的休闲采摘园每年吸引大批市民，带动当地农户增收致富。海阳市深入实施农村产业融合发展工程，着力打造苗家沟、盘东杨格庄、丁家夼、南邵家 4 个农村产业融合发展示范村，积极培育碧桂园滨海城小镇、连理岛龙栖小镇两个新六产小镇，以果茶种植＋加工＋康体养生＋旅游采摘模式打造中传华阳龙山国际健康养生小镇，产业模式功能得到充分拓展。

莱阳市依托中国梨乡、恐龙之乡等"金字招牌"以及丁字湾省级旅游度假区、中国十大最美乡村——濯村等特色资源，引进布局了千亿级的恒大世纪文化城·文化旅游城、姜疃田园文旅小镇、梨花古镇、省级农村产业融合发展示范园等文旅项目，连续举办了梨文化节、樱花节等节庆活动，全力以"旅游＋农业"推动农村发展提质增效。以濯村为例，村庄连续举办五届"樱花节"，累计接待游客 200 余万人次，培育起以樱花游为特色的产业。

福山区积极创建休闲农业与乡村旅游示范点、生态休闲农业示范园区、美丽休闲乡村、齐鲁美丽田园，打造森林浴场、康养人家等森林康养基地，促进全区休闲农业和乡村旅游加快发展。创建休闲农业综合体，打造集新品种推广、农事体验、采摘观赏、观光垂钓、产品加工、废弃物循环等方面相融相促集约高效的休闲农业平台。引导乡村旅游经营单位加快农副土特产品旅游商品化转化步伐，积极申报乡村旅游后备箱"工程示范基地"。

蓬莱文成城堡酒庄（烟台市农业农村局供图）

长岛区大力发展休闲渔业。获批 5 处省级休闲海钓钓场和 11 处市级休闲渔业基地，投用海钓船 22 条，审核通过了海上乐园休闲度假有限公司、长岛北方群岛休闲渔业有限公司、长岛兴民渔养专业合作社、长岛新恒基旅游发展有限公司 4 家休闲渔业项目，休闲渔业持续火爆，2019 年接待游客同比增长 80%。

蓬莱市推进休闲农业精品培育工程。拓展农业生态功能，大力发展休闲农业，依托自然景观、农田景观，多点创建省、市示范，加快推进集约高效、"农林牧渔娱"特色鲜明的休闲农业综合体建设，增加农民收入，助力农业"新六产"推动农业全面升级。

（五）提升能力，推进农业结构优化调整

烟台市推进农业结构优化调整，稳步扩大"粮改饲"面积，重点打造粮油、蔬菜、水果、水产、畜牧五大支柱产业，围绕粮油加工、果品加工储藏、蔬菜加工、畜产品加工、水产品加工、粉丝加工、葡萄酒酿造七大产业集群，建设一批标准化产品供给基地，培植一批高效产业聚集区，推进集群发展、集聚发展、绿色发展。

蓬莱市加快农业产业结构战略性调整，推进农林牧渔循环发展。优化种植业结构，大力发展名优特新经济作物，稳步扩大"粮改饲"面积，形成粮经饲协调发展的三元种植结构。重点打造粮油、蔬菜、水果、水产、畜牧等支柱产业，围绕粮油加工、果品加工储藏、蔬菜加工、畜产品加工、水产品加工、葡萄酒酿造六大产业集群，培育优势产业带，培强优势特色产业区，壮大地方名特优新品牌产品，形成产加销、贸工农、康养游多元协调发展、多极支撑的现代产业结构。实施水果产业提质升级，加速老劣果园更新改建，推广标准果园建设，提升精品果园质量，建设全国一流苹果、大樱桃和葡萄种植基地。围绕粮油加工、果品加工储藏和蔬菜加工，建设一批标准化产品供给基地，培植一批高效产业聚集区。

龙口市塑造齐鲁样板示范区，示范区以黄山馆镇全域为载体，形成有机畜牧区、生态种植区，并且调整优化农业结构，塑强农业品牌以及培育新兴业态，提升产业农产品质量，促进一二三产业融合发展。黄山馆镇乡村振兴齐鲁样板示范区通过推广有机畜牧和生态养殖，优化产业结构，打造一流品牌，推广以"慢生活"为导向的休闲农业等新兴产业态势，积极推动示范区农业农村现代化，农业结构优化调整。黄山馆镇协调农牧业建设，加大资源投入。在农业方面，黄山馆镇推进新经济作物的种植，种植青贮玉米 1.2 万亩以上，建设省级标准化基地 12 个。同时划定 5.5 万亩粮食功能区，同时将兰高镇 19 个村、1.8 万亩农田列入农田水利工程建设项目，改善农业生产条件。同时建设海洋牧场，全市海洋牧场总面积达到 6 万多亩，并投放石材礁 15 万立方米。

海阳市在确保粮食年播种面积的基础上，以优质、特色、绿色为取向，持续扩大新特品种种植面积，积极构建粮饲兼顾、农牧结合、循环发展的新型种养结构，标准化、规模化养殖业健康发展。统筹粮食安全和现代渔业发展，协同推进水产养殖、增殖、捕捞、加工、休闲渔业五大产业。

二、夯实农业综合生产基础，深化农业"新六产"发展

烟台市通过整合产业链、提升价值链、优化供应链，着力推进农产品电商物流配送和综合服务网络建设，加快发展农村电子商务，推动休闲农业、智慧农业、创意农业等为重点的新业态成为促进农业加速发展的新动能，构建全程覆盖、区域集成的新型农业社会化服务体系，带动林果、菌菜、养殖等特色农业产业链全面升级。同时，培育和发展农商产业联盟、农业产业化联合体等新兴产业主体，打造产加销一体的全产业链企业集群，促进产业链条向高端延伸，推进农产品加工业示范县、示范园区、示范企业创建，拓展农业观光采摘、休闲体验、科普教育、文化创意等功能，推进农业、农村、农产品与旅游、教育、文化、健康养老等产业深度融合。

（一）加强农业基础设施提升工程建设

烟台市各县市区大力实施农田水利工程，推进末级渠系及田间工程改造，打通农田水利"最后一公里"。因地制宜兴建、提升中小型农田水利设施，加快建设现代农田灌排体系。大力推广管灌、喷灌、滴灌等高效节水灌溉技术，建成一批高效节水灌溉示范区。加快提升农业机械化装备水平，推动主要粮食作物生产全程机械化，打造烟台特色的林、果业机械化发展模式，加快推广牧渔林各业机械化技术。实施现代农业信息化工程，发展智慧农业，推广农业物联网的应用，加强信息技术与农业生产融合应用，搭建农产品电商产销对接平台，建立现代农业与互联网全域融合机制。

长岛区全面优化渔村基础设施。交通方面，实施长岛港交通综合服务体建设，完成16个千吨级泊位改扩建主体工程和交通枢纽综合体规划选址等前期工作；启动实施了砣矶岛、小钦岛、北隍城岛3处渔业安全港和避风锚地建设，为渔船停靠提供安全可靠的防护场所；供水方面，投资1亿元新建10处城乡海水淡化站、北部岛屿船运淡水项目，改造完成城乡供水管网25公里，实现有居民岛屿海水淡化设施全覆盖，军民饮水安全得到有力保障。供电方面，投资1.2亿元推进了大小钦岛备用海缆铺设等供电项目建设，启动第二座110千伏变电站前期工作，建成北四岛微电网，实现了全域"双回路"

供电。

莱州市把基础设施建设重点放在农村，持续加大投入，加快交通物流、水利、信息、能源等重大工程建设，补齐农村基础设施短板，推动城乡互联互通。推进"四好农村路"建设，组织开展农村公路"三年集中攻坚"专项行动，实施路网提档升级、自然村庄通达、路面状况改善、运输服务提升"四大工程"，统筹做好水利基础设施网络建设，加快推进全域治水三年攻坚任务，优化调配利用境内水和客水等资源，构建"库库相连、河河相通、河库相交、内外共济、科学配置、统一调度"的水网体系。建设一流配电网。推进能源供应设施和服务加快向农村延伸，统筹完善城乡能源供应网络、技术和服务体系，推动城乡能源一体化发展。综合运用多种技术手段，持续推进农村地区移动和固定宽带网络建设。

福山区大力实施农田水利工程，因地制宜兴建、提升中小型农田水利设施，加快建设现代农田灌排体系。大力推广管灌、喷灌、滴灌等高效节水灌溉技术，建成一批高效节水灌溉示范区。实施现代农业信息化工程，协调电信运营商，将业务延伸到农村，提高农村地区网络覆盖水平，拓宽农村群众的信息来源渠道，发展智慧农业。推广农业物联网的应用，建立良好的农业互联网生态系统，加快建设农产品互联网标准体系。深入实施"互联网－"现代农业行动、农业装备智能化工程、农业物联网区域试验工程等，加强信息技术与农业生产融合应用，推进设施农业信息技术深化应用、强化畜禽养殖业信息技术集成应用、推动渔业信息技术广泛应用、引导农产品加工业信息技术普及应用。搭建农产品电商产销对接平台，借助互联网实现生产监管方式的智能化、精准化。

（二）推进现代农业园区建设，搭建产业发展新载体

建设现代农业产业园，是推进农业供给侧结构性改革、加快农业现代化的重大举措，是培育农业农村经济发展新动能和推进农民增收机制创新的重要载体。烟台市加快建设优质粮油生产功能区，以优质玉米、小麦和花生为重点，实施粮食高产创建平台等系列粮食增产工程，确保优质粮油产能产量，打造具有市场竞争力的优质粮油生产功能区；加快建设果蔬特色产业引领区，

以烟台苹果、大樱桃、莱阳梨和绿色蔬菜为重点，集成推广绿色生态生产管理技术，打造具有国际竞争力的果蔬特色产业引领区；加快建设现代畜牧示范区，大力发展肉鸡、生猪、牛肉、畜禽良种产业及畜产品加工业，稳妥发展特色养殖业，严格控制水禽、黄羽肉鸡、毛皮动物发展。

福山区在产业振兴的进程中，以争创省级现代农业产业园为契机，围绕大樱桃主导产业，开展全产业链开发，实现绿色发展和产业链延伸的深度融合。福山区创新提出"产业＋园区＋示范区＋'一村一品'"的农业产业发展新模式，由大到小、由面到点，分类指导、精准施策，做大做强大樱桃主导产业，发展现代农业产业园，打造乡村振兴示范区，培育"一村一品"，充分激发农业农村发展新动能。招远市稳步提高粮油生产能力，划定小麦、玉米生产功能区 27.08 万亩，规划建设 1.62 万亩高标准农田，推动藏粮于地、藏粮于技落地生根，开展粮食绿色高产高效创建，完善示范"一深、二增、三防、四改"绿色高产高效集成技术模式。栖霞市立足于现代农业产业园和农业科技园 2 个国家级园区和耕读艾山田园综合体，整合聚集优势资源要素，以农村产业融合发展示范园建设为抓手，依托新技术渗透带动农村一二三产业融合发展，突出姓农、务农、为农、兴农"四农"主题，采用成方连片、土壤修复、宽行密植、水肥一体、果园生草、绿色防控、机械作业、物联应用、智能管理等现代化生产技术，着力建设以标准化种植、精品展示、加工与物流、农旅结合与文化创意为特色的产业园区，打造农村产业融合发展的示范样板和平台载体。

（三）大力发展农产品加工业，培育农村发展新动能

烟台市围绕果品、菌菜、畜牧产业发展，延伸产业链条，实施农产品加工业提升行动，推动初加工、精深加工、综合利用加工协调发展，创建一批农产品精深加工示范基地，形成粮油加工、果品加工储藏、蔬菜加工、畜产品加工、水产品加工、粉丝加工、葡萄酒酿造七大产业集群。支持开展农产品加工、综合利用技术研究与示范，努力形成推动价值提升的关键技术和特色产品，以水果、菌菜等农产品的商品化处理、储藏保鲜等初加工设施建设为重点，发展农产品产地初加工，果蔬综合加工中心。大力培育农村第二产

业，鼓励农产品加工企业通过技术合作等多种形式，引进城市的绿色清洁生产技术、智能化生产技术，注重加工新产品与加工新方法的研究开发，培育专业化、集约化、组织化有机结合的新型农业加工企业。烟台各县市区大力实施加工业提升行动，发展农产品加工产业，积极培育发展地理标志商标和知名品牌，提升农产品品牌溢价水平，培育农产品加工领军企业，开展农产品精深加工和综合利用技术研发与成果对接，形成推动价值提升的关键技术和特色产品，提升加工转化增值率和副产物综合利用水平。

（四）保障供给，大力发展海洋渔业经济链条

烟台市大力发展海洋渔业经济，重点推进"海上粮仓"建设，着力培育水产种苗业、水产养殖业、水产增殖业、海洋捕捞业、水产加工业、休闲渔业"六大产业体系"，推进渔业由浅海向深远海发展，促进渔业绿色、生态、高质量健康发展。积极探索"政府＋水产养殖企业＋海工装备企业"联动模式，加快推进海洋牧场建设。鼓励引导水产品加工向精深加工转型升级，大力发展水产冷链物流。深入实施"科技兴渔"战略，实施"科技入户"工程，建设科技示范基地，加快构建"专家＋示范基地＋渔技推广员＋科技示范户＋渔民"的推广服务机制。重点培育多家"育、繁、推"一体化渔业种业龙头企业，着力打造"水产种业硅谷"，建设我国北方重要的海洋生物育种研发和繁育基地。大力发展水产冷链物流，搭建"海上粮仓"流通贸易平台，建设面向东北亚、辐射全国的区域性水产品集散中心、交易中心和价格形成中心。支持"菜篮子"企业应用先进冷链设备，建设田头预冷、整理分级包装车间、冷藏库房等初加工冷链设施，提升冷链流通率、冷藏运输率，降低腐损率。支持加工型和流通型龙头企业扩大季节性"菜篮子"产品收购，大力发展电子商务等新型流通业，探索"互联网＋菜篮子"产业模式，促进农产品流通线上线下融合和产销对接。完善农产品物流体系，支持建设集信息流、商流、物流、资金流于一体的现代物流中心。

蓬莱市全市海区养殖总面积 6 720 公顷，有育苗生产企业 1 100 个，总育苗水体 80 万立方米，刺参、大菱鲆、栉孔扇贝、牡蛎、半滑舌鳎、海带等 15 个产品通过了农业农村部无公害水产品产品认证。京鲁渔业、宗哲养殖、

天保海水养殖等公司的养殖基地被评为"农业农村部水产健康养殖示范场"，安源水产和宗哲养殖的基地被评为"烟台市刺参养殖标准化示范基地"和"烟台市鱼类养殖标准化示范基地"。长岛区着力改善渔业生产条件，提升渔港建设标准，完善配套设施，改善避风条件，增强抵御台风、风暴潮等自然灾害的能力，充分满足渔船停泊、作业和避风需要。积极推进渔港建设，配套完善渔港陆域服务设施。充分发挥渔业科技园区的示范带动作用，鼓励和吸引各类创新要素向农业科技园区聚集，加强培育园区内农业科技型企业，做大做强优势特色产业，提升渔业科技园区建设水平。通过建设现代渔业产业园、科技园和创业园等平台载体，以信息化技术、生物技术、冷链物流技术和新型渔业装备等高端技术为手段，以渔业科技创新为支撑，示范推广现代高新渔业养殖技术，实现科技创新、渔业生产、示范推广、技术培训为一体的多重功能。

（五）提高农业风险保障能力

为提高农业风险保障能力，烟台市积极推进农村承包土地经营权、农民住房财产权抵押贷款试点，推广林权、农机具、畜禽活体等抵（质）押贷款业务。不断丰富创新农业保险险种，探索建立农业巨灾保险分担机制和风险准备金制度，扩大农业保险覆盖面。鼓励开展支持农村产业融合发展的融资租赁业务，探索开展特色优势农产品和指数化产品等新险种，完善农业保险大灾风险分散机制，提高农业防灾减灾能力。同时，完善土地政策，逐步提高土地出让纯收益用于乡村产业发展的比例；通过农村闲置宅基地整理、土地整治等新增的耕地和建设用地，优先用于农村产业融合发展；对农村产业融合发展项目和农产品冷链、初加工、烘干、仓储、机库等设施建设用地，优先提供保障。

烟台各县市区在提高农业风险保障能力方面不断开拓创新，莱州通过订单生产、利润返还、股份合作等方式，因地制宜推广"合作社＋农户""龙头企业＋基地＋农户""保底价格＋无偿提供种养技术＋高价收购""长期订单＋农业保险""保底收益＋按股分红"等模式，推动新型农业经营主体与农户建立契约型、股权型利益联结机制，保护小农户合法利益。支持农业社会化服务组织，采取土地托管、代耕代种等方式，面向小农户提供生产性服务，提高小农户生产便利程度，加强工商资本租赁农户承包地的监管和风险防范，健全资格审查、分级备案、风险保障金制度，维护小农户权益。长岛区引导商业组织介入提高农业风险保障能力，引导银行、保险和证券等市场主体积极参与长岛渔业重点项目建设，积极推进农民住房财产权抵押贷款试点、海域使用权抵押和船舶抵押业务，不断丰富创新农业保险险种，探索建立农业巨灾保险分担机制和风险准备金制度，积极推广天气指数保险、价格指数保险等新型险种，扩大农业保险覆盖面。积极推广农村小额信贷保险、农房保

栖霞苹果

险等普惠保险业务，拓宽农业保险保单质押范围。福山区积极争取介于现货和期货之间的大宗商品交易市场试点，积极推进农村承包土地经营权、农民住房财产权抵押贷款试点，推广林权、农机具、畜禽活体等抵（质）押贷款业务。根据国家、省、市安排，推进粮食生产规模经营主体营销贷款试点。不断丰富创新农业保险险种，探索建立农业巨灾保险分担机制和风险准备金制度，积极推广天气指数保险、价格指数保险等新型险种，扩大农业保险覆盖面。积极推广农村小额信贷保险、农房保险、大型农机具保险等普惠保险业务，拓宽农业保险保单质押范围。鼓励开展支持农村产业融合发展的融资租赁业务，探索开展大樱桃主导产业保险试点工作，完成扩大小麦、玉米等主要农作物保险覆盖面，扩大能繁殖母猪、大樱桃等地方特色农产品保险覆盖范围，完善农业保险大灾风险分散机制，提高农业防灾减灾能力。

三、强化高效农产品品牌建设，促进农业高质量发展

（一）加快培育优势农产品品牌

烟台市近年来健全品牌农业的培育体系，把农业品牌建设作为全市品牌建设的首要任务，优先推动。筑牢品牌农业的发展基础，提升品牌农业的标准化水平，建立健全农产品生产、加工、包装、流通和质量安全标准，加快制定特色农产品的电商标准，制定符合农业生产实际、简便易懂的操作手册，高标准建设一批农产品标准化示范基地。此外，研究制定《烟台市品牌农产品评价管理办法》，每年开展一次市级农产品区域公用品牌、知名企业产品品牌和品牌农产品示范基地评选活动，根据结果发布《烟台市品牌农产品目录》。

烟台市政府致力于壮大品牌农业的培育主体，增强行业协会对区域公用品牌的管理、保护能力，普遍提高企业的品牌意识，提升自我发展能力、品牌经营能力。此外，完善品牌农业的产业链条，实现农业非物质文化遗产、民间技艺、乡风民俗与农业产业深度融合，老工艺、老字号深度发展，农事节庆、农产品展会影响力显著增强，品牌影视作品、品牌文学、品牌纪念品

开发初具规模，农业品牌业态更多元、形态更高级。

深入实施区域公用品牌培育工程，推进栖霞苹果"二品一标"产品及基地认证，引导和鼓励各类农业经营主体积极认证绿色食品、有机食品，力争将"栖霞苹果"打造成国内外具有竞争优势的区域公用品牌。制定"栖霞苹果"地理标志证明商标规范使用手册。强化创建区域苹果品质检测和产品追溯，提升"栖霞苹果"品牌影响力。鼓励企业开发高端产品，培育发展自主品牌，争创名牌产品、优质产品、驰名商标、地理标志产品称号；鼓励龙头企业申报省市名牌优质产品、政府质量奖等。为了提升农产品知名度，烟台市加强品牌宣传推介力度，充分利用烟台国际果蔬会和栖霞苹果艺术节，创新举办丰富多彩的农业展会、产销对接会、农产品推介会等，充分利用传统媒体和新媒体手段，讲好品牌故事，传递品牌价值。借助互联网、新媒体、自媒体，探索搭建开放式营销服务平台，通过线上线下对接会、地方特色馆等形式，加强品牌宣传营销，拓展烟台农产品区域公用品牌知名度。增设品牌创建服务与完善监管结构，健全烟台市农产品质量安全监管体系，规范市场经济秩序，优化市场环境强化品牌保护。

烟台各县市区通过各种方式大力发展品牌农业。海阳市不断强化农产品产地环境保护和源头治理，立足海阳市资源禀赋，加强现代高效农业品牌建设，海阳甜柿和"步鹤山"牌茶叶分别入选第四批山东省知名农产品区域公用品牌和企业产品品牌，甜柿种植区成功入选第二批山东省特色农产品优势区，"海阳绿茶"地理标志正式启用，茶叶进入正规化管理阶段。莱阳市认证"三品一标"9个，新增"龙大"花生油、"唯品"乳品、"青青大地"水果3个省知名农产品企业产品品牌，总数达到10个，占烟台的1/4，青青大地、圣丰等4个基地获得粤港澳大湾区菜篮子生产基地认证。招远市加强农业投入品源头监管，并对3个大樱桃重点生产基地发放二维码5万余份，实现了大樱桃的质量可追溯，加快推进农产品标准化体系建设，制定标准化生产技术规程和农产品地理标志生产技术规范20余项，培育联蕾、三嘉、双塔3个省级知名品牌，新认证"三品一标"产品12个，实现"三品一标"持续用标率70%以上。长岛区通过强化水产品质量安全体系建设，实现名优品牌引领作用，建立水产品品牌培育、发展和保护体系，提高国家地理标志证明商标长岛海参、长岛鲍鱼、长岛扇贝、长岛海带、长岛海胆标识的运用、保护和管理水平，充分利用已经叫响的北隍城国宴鲍鱼、海参、大钦岛海带、紫海胆、北城扇贝等产品品牌，由政府引导、优势企业和行业协会参与共同创建"长岛海珍"特色水产品区域公用品牌，实现资源共享、品牌共享、价值溢价。

（二）突出品牌带动效应，集聚市场竞争优势

烟台市以质量提高、品牌提升为重点，加强高效农产品质量品牌建设，全市以建成农产品质量安全市为目标，通过完善的食品安全和农产品质量标准体系，建设一批果菜茶标准园、畜禽标准化示范场、水产健康养殖示范场等标准化示范基地。开展"三品一标"认证，加大"烟台苹果""烟台海参""烟台肉鸡"等品牌培育提升力度，组织实施"中国好粮油"行动计划，打造烟台特色农产品品牌集群，提高农产品市场竞争力、影响力。强化质量

品牌引领，支持特色农产品镇村发展"一村一品""一镇一业"，打造产业"名片"。支持新型农业经营主体申办"三品一标"，加强国际商标认证，创建产品品牌，培育企业品牌，争创国际品牌。健全完善市、县、乡、村四级农产品质量监管体系，建立农产品质量安全信息平台，实现市、县、乡信息互联互通，实现农产品质量全程可追溯。建设"食安烟台"，争创食品安全先进县和农产品质量安全县。

烟台市坚持以品质为基础、市场为导向、政府引导、企业为主体的基本原则，以标准化提高竞争力，以规模化提高综合效益，以工匠精神着力提升产品品质，加大品牌创建、宣传和推广力度，打造"仙境海岸·鲜美烟台"城市品牌下绿色、健康、优质、特色的烟台农产品品牌形象，建立健全品牌农业发展组织体系和政策体系，加强公共服务、市场监管和品牌保护，鼓励和支持农业龙头企业、农民合作社、家庭农场等新型农业经营主体开展标准

蓬莱君顶酒庄葡萄种植（烟台市农业农村局供图）

化生产、规模化经营、产业化发展、品牌化营销。同时完善品牌农业的营销体系，逐步建立中央、省、市各级媒体、自媒体全覆盖的品牌宣传网络，以线下展示展销中心和线上展示销售平台为主体的烟台品牌农产品营销网络，初步覆盖了北京、上海、广州、深圳等一线城市。

烟台各县市区结合地方农产品资源，着力打造特色品牌。福山实施大樱桃品牌战略，对"福山大樱桃"进行全方位品牌发掘整理、包装设计和营销策划，编制完成"福山大樱桃"区域公用品牌发展规划，启动福山大樱桃品牌管理的综合信息平台——"樱桃汇"和福山大樱桃自媒体。福山区建设 30 多个专业批发市场，年交易量近 4 万吨，销售额超过 5 亿元，是全国最大的大樱桃集散地，是最早使用大樱桃预冷设备和选果机等先进采后处理设备的地区。龙口市兰高镇后霍家村为了彰显品牌效益，将草莓基地于 2010 年注册了"后霍家"商标，产品通过了绿色食品认证，建立了产品质量追溯体系，产品实行精装上市。龙口市委市政府先后拿出 30 万元扶持"后霍家"草莓基地建设，市农业农村局指定生产科和市蔬菜技术推广站全程跟踪，给予必要的技术服务。兰高镇党委、政府专门成立由分管农业的副镇长为组长的产业推进领导小组，给予各方面的服务和支持，使后霍家村的发展具备了较高的人才和技术优势。"后霍家"草莓通过了国家绿色食品认证，已经成长为龙口市的一个著名品牌，每斤特级草莓价格比市场价格高出近 13 倍。后霍家草莓按照《山东省标准化基地管理办法》的要求进行了统一管理，达到了一个生产标志牌、一套管理机构、一套管理制度、一套生产操作规程、一套生产记录台账、一种以上产品质量认证的"六个一"建设标准，组织化水平高。区域公用品牌引领机制是集合区域特色农产品资源，在保证农产品品质的基础上，长岛区集中打造区域公用品牌，整合长岛海洋生态文明综合试验区海参、鲍鱼、海带、扇贝、海胆等国家地理标志产品，集中打造"长岛海珍"的特色水产品区域公用品牌，实现特色水产品价值溢价。

美丽乡村样板示范项目建设成效与建议

烟台市把美丽乡村建设作为实施乡村振兴战略、全面建成小康社会的重要载体，确定 2020 年为全市重点攻坚突破年，以"全力打造美丽乡村升级版"为目标，集中连片、突出特色，利用 2020—2021 年两年时间，在全市重点打造 14 个美丽乡村示范片、105 个样板村庄，同步实施县级示范片、精品村联创。目前，所有示范片整体规划编制完成，建设项目正在推进实施，年内美丽乡村示范片基本建成。

▍一、强化统筹谋划，在"精准"布局上下功夫

在美丽乡村示范片总体谋划上，加强顶层设计，做到精准定位、精准施策。自 2020 年 2 月下旬起，市委、市政府领导带队深入各个美丽乡村示范片开展实地调研，对示范片建设提出了新的具体要求；3 月 3 日，市委农办结合调研情况，专门印发了《全市美丽乡村示范片建设情况调研报告》，进一步明确了方向。重点围绕探索具有地域特色的美丽乡村建设新模式，统筹推进产业、人才、文化、生态、组织振兴，使农村人居环境更加优美、产业发展更具活力、村庄建设更具特色，努力打造乡村振兴齐鲁样板烟台篇章。一是突出产业发展、激发活力。强化产业基础、产业支撑，以产业兴旺带动村庄可持续发展。二是突出机制创新、聚拢人才。通过搭建平台载体、创造发展机会，真正让人才引得来、留得下、发展好。三是突出环境整治、补齐短板。样板村全部完成"五化""七改"，广泛开展"美丽庭院"创建，实现"居室美、庭院美、厨厕美、家风美"。四是突出文化

传承、留住乡愁。挖掘整理民俗文化、村庄历史等内涵，规划设计乡村记忆馆、展览室等载体，保护传承乡村文化。五是突出组织保障、夯实基础。从党支部领办合作社、基层组织建设、乡村治理等方面入手，探索实践看得见、可复制、能推广的组织振兴模式。六是突出集中连线、成方连片。按照"集聚打造"的要求，招远、龙口、蓬莱、莱州、海阳、栖霞、莱山、昆嵛等 8 个区市 11 个样板示范片，每个示范片样板村都集中在 1 个乡镇（街道）；莱阳、福山、牟平 3 个区市，每个示范片样板村集中在镇域相邻地带，实现了组团连片推进、区域集聚发展，为下一步整体改造提升创造了有利条件。

二、强化样板示范，在打造"精品"上下功夫

突出村庄特色，强化优势补齐短板，高标准建设样板村，为全市美丽乡村建设树立标杆。一方面，坚持好中选优、使样板效应更加明显。示范片内 105 个样板村庄全部达到美丽乡村 A 级标准，其中省级美丽乡村示范村、美丽村居 67 个，占比 63.8%；省、市级齐鲁样板示范区内重点打造村庄 45 个，占比 42.9%；市、县级以上美丽乡村 90 个，占比 85.7%。特别是申报创建 2020 年度省级美丽乡村示范村的 41 个村庄，有 38 个在示范片内，有利于整合政策资金、集中优势资源。示范片中有很多综合实力强、生态环境优、发展势头好的村庄，莱州市金仓街道仓南村是全国文明村庄、省级宜居魅力村庄；蓬莱市大辛店镇木兰沟村是首批中国乡村旅游模范村、好客山东最美乡村；龙口市诸由观镇西台村是特级工业明星村，依托村办企业龙喜集团，村集体年收入达上亿元；招远市金岭镇大户陈家村以大户庄园农林专业合作社为核心，推动一二三产融合发展，形成了产业兴、村民富、乡村美的"大户模式"；莱阳市姜疃镇濯村获评全国首批美丽宜居村庄、中国最美乡村、国家 AAA 级旅游景区，已成功举办 5 届樱花节，累计接待游客 200 余万人次。另一方面，坚持各美其美，使特色引领更加鲜明。示范片在建设内涵、发展模式、实现路径上各具特色，从不同角度、多个层面彰显乡村振兴发展成果。其中，龙口市黄山馆镇示范片以"古驿乡韵、生态田园"为主题，围绕

高效生态农业，大力发展有机畜牧业和航天育种种植业；依托黄山馆古驿交通、建筑等文化资源，打造乡村文化与休闲体验于一体的特色旅游带，建设留住乡愁韵味的田园宜居小镇。招远市金岭镇示范片以"金米银丝、岭上风情"为主题，依托大户庄园乡村振兴齐鲁样板示范区，融合传统建筑、民俗文化、农产品加工、果蔬采摘、生态颐养等多种元素，着力打造山里陈家至大户陈家精品乡村休闲旅游观光带。蓬莱市大辛店镇示范片以丘山谷"东方波尔多"为主题，充分整合"酒湖马"资源，既突出"东方古国、胶东民居"底蕴，又彰显"法式风情、葡萄文化"特色，大力发展特色果品种植、休闲农业和乡村旅游等产业。栖霞市亭口镇示范片以衣家村"党建引领乡村振兴"为主题，整体推进党支部领办合作社，统筹发展水利、果蔬和特色养殖等产业，集中连片建设美丽乡村。牟平区龙泉镇示范片以"昆嵛山下·最是一年春好处"为主题，突出山海岛泉河、村落古镇、物产美食和民俗文化等特色优势，重点打造民宿经济、互联网＋农业、休闲旅游、运动养老、田园综合体等板块。

莱州市金寨子水韵 （烟台市农业农村局供图）

三、强化推进措施，在保障"精细"上下功夫

一是强化组织领导。把美丽乡村示范片建设作为实施乡村振兴战略的重点工作，纳入全市"三重"工作的重要内容，明确职责分工，形成工作合力。每个样板示范片安排 1 名县级领导挂帅推进，每个样板村安排一个部门联系包帮，建立推进机构，实行包挂制度，确保创建成效。二是强化资金投入。市级将美丽乡村样板示范片打造情况作为切块下年度整合资金的重要因素，每年安排资金 1 亿元，对整合资金投入比例大、集中度高，创建效果明显的县市区进行奖补。各县市区将涉农项目优先向样板示范片倾斜，城乡建设用地增减挂钩指标优先满足样板示范项目建设需要，积极引导社会资金投入美丽乡村样板示范项目建设，实现叠加效应。14 个示范片计划总投资 6 亿多元，每个示范片投入都在 2 000 万元以上。其中，投入 2 000 ～ 3 000 万元的有 5 个：招远市大秦家街道"招莱古道、美丽家园"示范片、牟平区"昆嵛山下·最是一年春好处"示范片、海阳市南部滨海风情示范片、栖霞市亭口镇衣家党建引领乡村振兴示范片、昆嵛山自然保护区"生态昆嵛、美丽乡村"示范片；投入 3 000 ～ 5 000 万元的有 5 个：龙口市黄山馆镇"古驿乡韵、生态田园"示范片、福山区"魅力南庄"示范片、莱山区围子山示范片和"醉美村庄"示范片、莱阳市"陌上花海、香飘齐鲁"示范片；投入 5 000 万元以上的有 4 个：莱州市"山海之间、魅力金仓"精品示范片、招远市金岭镇"金米银丝、岭上风情"示范片、龙口市诸由观镇"河畔古韵、富美诸由"示范片、蓬莱市丘山谷"东方波尔多"示范片。三是强化工作落实。进一步明确时间表和路线图，倒排工期、挂图作战，卡实节点、压茬实施。2020 年 4 月 18 日，召开全市美丽乡村样板示范片现场会议调度 14 个示范片创建情况，看行动、找差距、补短板；6 月，召开一次全市示范片"互看互评"观摩推进会议，看成效、鼓干劲、比决心。市里将美丽乡村样板示范创建纳入乡村振兴"五个专班"年度重点推进事项，纳入各级领导班子和领导干部推进乡村振兴战略实绩考核。

四、地理特征类型多样，借位发展各具特色

　　烟台市的示范区可以划分为滨海型、近山型和丘陵平原型三种类型，多种地理形态的片区分布充分展示了烟台市乡村发展的多样态结构，可以窥见山东省乃至全国地理维度乡村振兴发展的全貌。其中海阳市辛安镇南部滨海风情示范片是滨海型片区的典型代表，该片区南部有丁字湾天然码头，海滨休闲旅游和渔捕民俗项目发展迅速，比邻青岛市即墨市，乡村发展依托优越区位进入快速城镇化阶段。莱山区解甲庄街道围子山美丽乡村示范片是近山型片区的典型代表，该片区沿围子山和辛安河自然形成，风景迤逦，村落人居环境得天独厚，目前精品民宿和研习研学等精致项目已经开始启动，率先践行"绿水青山就是金山银山"理论。蓬莱市大辛店镇丘山谷"东方波尔多"示范片是蓬莱市葡萄与葡萄酒产业核心聚焦区，属于典型的丘陵平原型地貌特征，已建成精品酒庄 6 个，正在努力建成葡萄与葡萄酒休闲养生体验区。烟台市不同地理类型的片区，都科学合理地利用了自身的自然条件和外部优势，做到了因地制宜、特色发展。

五、五大振兴皆有典型，综合发展亮点突出

　　统筹推动产业振兴、人才振兴、文化振兴、生态振兴、组织振兴，这是打造乡村振兴"齐鲁样板"的科学路径。产业振兴是基础，人才振兴是关键，文化振兴是灵魂，生态振兴是支撑，组织振兴是保障，五大振兴发展路径是落实"五位一体"总体布局的政策执行。产业振兴方面，莱州市金仓街道"山海之间、魅力金仓"示范片代表性明显。该片区位于省级滨海旅游度假区，黄河三角洲高效生态经济区范围内，农业、渔业和矿产资源均非常丰富，生态农业、滨海休闲和工业旅游等多业态发展势头良好，农民生活富裕，样板村集体收入快速增长，已经初步形成三产融合的发展格局。文化振兴方面，龙口市黄山馆镇"古驿乡韵、生态田园"示范片具有典型性。黄山馆镇是我国历史文化名镇，曾是古代著名驿站和海防要地，样板村之一的馆前后徐家村为中国传统村落，也是辛亥革命先驱徐镜心的故乡。该片区以徐镜心

爱国主义为主线，打造了烟台市红色文化教育基地，建有镜心湖、文明实践站等，初步形成以文化振兴全面推进和引导产业振兴、人才振兴各项工作的经验模式。人才振兴方面莱阳市姜疃镇、团旺镇"陌上花海、香飘齐鲁"示范片代表性突出。该片区依托樱花文化旅游节，年均举办学术论坛、座谈交流等活动 100 余场次，参与专家学者 1 500 余人，引智工作成绩突出。通过与鲁花集团合作，对农民进行培训，培养了 800 余名新型工农商技术兼备的职业农民，其中总裁、总经理、大区经理等中层以上干部和科研攻关、食品加工、营销策划等高级专业人才 40 人。通过重视外部引智和内部培育，片区已经初步形成以人才振兴拉动产业振兴、组织振兴和文化振兴全面推进的成熟模式。组织振兴方面最具代表性的是栖霞市亭口镇衣家党建引领乡村振兴示范片。该片区全面推进党支部领办合作社，探索出以党支部为核心，由村党支部成员代表村集体注册成立合作社，村集体以集体资金、资产、资源入股，组织群众以土地、基础设施、劳动力等入股，把群众组织起来、资源利

龙口市美丽山村庵夼 （烟台市农业农村局供图）

用起来，建立村集体与群众利益共同体的成熟机制。这一模式有效解决了农村集体经济薄弱、农民组织化程度较低等问题，注重发挥村级党组织的引领作用，把党支部的组织优势同合作社的产业优势结合起来，组织群众抱团发展，实现了以组织振兴带动产业振兴、人才振兴和文化振兴的模式创新。生态振兴方面福山区门楼街道、张格庄镇"魅力南庄"示范片、莱山区解甲庄街道围子山美丽乡村示范片和昆嵛区昆嵛镇"生态昆嵛、美丽乡村"示范片分别位于狮子山门楼水库、围子山辛安河和昆嵛山汉河等省级或者国家级自然保护区范围内，在示范区中生活的农民像爱护眼睛一样爱护大自然，积极践行"两山"理论，通过发展苹果、大樱桃等果业，逐渐拓展至采摘、体验和休闲产业，实现了人与自然和谐共生。烟台市各个片区在五大振兴的推进路径中各有侧重，又统筹推进，体现出高度的科学性和系统性特征。

▍六、乡村治理多元参与，公益慈善特色明显

乡村振兴战略的实施兼具经济、政治、文化、社会、生态等多重功能，对于构建我国基层社会治理体系和基层政权建设，推进乡村治理体系和治理能力的现代化具有重大意义。烟台连续七次获得"全国社会治安综合治理优秀城市"称号，是全国唯一的四获"长安杯"的城市，基层社会治理经验丰富，成果显著。美丽乡村示范片的创建是建设"平安烟台""和谐烟台""慈善烟台"的重要政策工具，对于山东省率先完成中央政法委在市域社会治理现代化方面先行先试，边试点创新、边调研总结的政治任务具有重要支撑。14个示范片区在乡村治理方面整体形成了党委领导、政府负责、民主协商、社会协同、公众参与、法治保障、科技支撑的治理体系，尤其是高等院校、科研机构和社会组织的积极参与，给烟台市的乡村振兴推进注入了智力和人才支持，基层治理共同体正在形成。例如，山东工商学院从党建合作、规划编制和人才培训等多个方面全面参与了莱山区解甲庄街道围子山美丽乡村示范片的创建工作。再如，青岛农业大学与栖霞人民政府共建"青岛农业大学乡村振兴研究院栖霞分院"和"青岛农业大学合作社学院分院"，全力支持栖霞市亭口镇衣家党建引领乡村振兴示范片的创建工作。

烟台市文化资源和公益慈善历史相互融合、交织发展。既有儒家的"仁爱"发源地，也有道家的"博爱"和墨家"兼爱"的传统文化；既有内陆农耕文化特色，也有海洋河流文化优势，培育了烟台人有情深似大海、义重如泰山的优良传统，凸显出烟台人忠实厚道、豪爽豁达、乐善好施、扶贫济困等人格形象。正在创建的美丽乡村示范片区拥有大量的古今慈善人物和慈善故事，已经形成了烟台特色的乡贤文化，给乡村振兴工作注入了烟台灵魂和烟台气质。以莱山区解甲庄街道围子山美丽乡村示范片为例，康熙四十三年春，清朝工部尚书的李永绍发现家乡宁海等地大旱，饿殍遍野，怒作《甲申叹》上谏朝廷，描述了当时"千村万落寂无烟，卖妻瘗子啖人肉"的情景，发出了"安得高廪千万斛，大庇一郡穷民果其腹"的呼声，正是这本忧国忧民的奏章，朝廷紧急下令，减免了灾区人民三年的田租。李永绍慈善爱民的精神持续影响着他的后人，李氏家族的第十一代子孙李九龄，在京创办了"龙封"商号，回乡倡导族人并带头捐款建立了陇西小学，即莱山区解甲庄中学的前身。"迎宾先生"李登先是李氏家族第十四代后裔，晚年把巨额资产转给当时国内最大的慈善组织红万字会，并担任大连"万字会"的会长，他后来获得中华民国颁发的慈善纪念章。李德海（李氏家族第十六代后裔），创办了海德集团公司，致富以后，心系故乡，有很多出资修建村中水泥路，重修了曲氏节孝牌坊，捐赠面包车用于幼儿园接送孩子等善人善事。李氏家族的年轻掌门人李波，联合村民创办了烟台天胜建筑机械施工有限公司，多次给村委捐款改善幸福院老人的生活，每年出资 2 万元资助贫困大学生，他是国际慈善性服务组织狮子会烟台分会的首批会员。通过解甲庄李氏家族一脉相传的慈善历史，我们可以探知烟台美丽乡村示范片的创建慈善文化浓厚，公益项目众多，已经成为烟台市乡村治理中极具特色的亮点，值得深入挖掘和总结。

下一阶段，烟台市美丽乡村建设将转入内涵式发展阶段，逐渐实现从人居环境整治到乡村全面振兴的创建目标，打造乡村振兴齐鲁样板的"烟台篇章"。主要计划采取以下措施：

第一，构建"公益慈善+"为特色的美丽乡村建设模式。烟台市文化资源和公益慈善历史相互融合、交织发展。既有儒家的"仁爱"发源地，也有道家的"博爱"和墨家"兼爱"的传统文化；既有内陆农耕文化特色，也有海洋河流文化优势，培育了烟台人有情深似大海、义重如泰山的优良传统，凸显出烟台人忠实厚道、豪爽豁达、乐善好施、扶贫济困等人格形象。正在创建的美丽乡村示范片区拥有大量的古今慈善人物和慈善故事，已经形成了烟台特色的乡贤文化，给乡村振兴工作注入了烟台灵魂和烟台气质。应该深度挖掘提炼烟台市美丽乡村建设实践中的公益基因，指导乡村振兴齐鲁样板"烟台篇章"的建设实践，构建烟台市"公益慈善＋"为特色的美丽乡村建设典型模式。

第二，**筹建烟台市乡村振兴协同创新中心**。整合驻烟高校、科研院所以及省内外的专家资源，配合烟台市政府成立烟台市乡村振兴协同创新中心，为烟台市的美丽乡村建设工作提供强有力的智力支持。由中心牵头定期组织参与美丽乡村样板示范项目建设的各方主体，与媒体等机构联合举办全市美丽乡村样板示范片成果交流会，加大向省和国家层面宣传推介力度，展示阶段性成果，提升烟台市美丽乡村建设成果在全国范围的影响力和认可度。

第三，**建设烟台市美丽乡村建设示范区数据库**。示范区的创建不仅在于自身的发展与提升，更重要的是发挥示范引领作用，探索形成可复制、可推广的经验成果。建议在烟台市乡村振兴协同创新中心的指导下，在全市 14 个美丽乡村样板示范片和 105 个示范村中建设长期观测点。由熟悉乡村工作的专业人员全方位、立体化、无死角采集相关数据，结合地理、历史、经济、人口、产业、生态、组织等指标，构建烟台市美丽宜居村庄（社区）建设基础数据库。在此基础上，建设能够提供多类型数据源接入、数据集可视化定义和自助多维数据分析展现平台，综合运用地理信息可视化表达和空间大数据智慧研判能力，立体完整地展示烟台市美丽宜居村庄（社区）建设的动态全貌。从而以高效、多维度、大数据量使用方式，为相关领导提供具表现力和交互性的数据可视化分析服务，为美丽宜居村庄（社区）建设政策的制定和调整提供科学的数据支持。

推进苹果产业高质量
发展的挑战及对策

烟台作为全国现代苹果发源地、全省苹果主产区，长期在果业发展上发挥着示范引领作用。烟台苹果是全省农业区域公用品牌中唯一价值过百亿元、12 年蝉联中国果业第一品牌的产业，也是国家级的优势特色产业集群。2019 年，省委主要负责同志明确提出"我省苹果要改良、提质、增效，做优做强山东品牌"，并对烟台苹果产业发展作出了"我们一定要牢记，创新是第一动力，虚心使人进步"的批示要求。一年来，烟台市认真贯彻落实省委省政府决策部署，坚持以创新引领苹果产业转型升级，积极推动理念、组织、科技、产业、品牌、机制"六大创新"，走出了苹果高质量发展的创新之路。

针对近年来烟台苹果产业从业人员老龄化、市场竞争白热化等问题，烟台市委、市政府把推进苹果产业供给侧结构性改革实现高质量发展作为全市"三重"工作的"重中之重"和改革攻坚的重点任务，强力推进"1+1+3"战略，补短板、破难点、强优势，实现了时间过半、任务过半，超出了预期目标和效果。主要采取了以下推进措施：

第一，推进老龄果园改造，夯实产业基础。针对烟台市老龄果园占比较大的情况，大力推进老龄果园更新改造，夯实产业发展基础。上半年，全市采取伐老建新、高接换头和提升改造三种方式，对 47.2 万亩老龄果园进行了更新升级，其中成方连片（30 亩以上）规模化改造面积达 15 万亩，占总改造面积的 31.8%。建设"市县镇村"四级示范果园 3.5 万亩以上，其中建设规模 1 000 亩以上的市级标准化果园 9 个，规模 500 亩以上的县级标准化果园

16 个，规模 200 亩以上的镇级标准化果园 74 个，"一村一品"村级标准化果园 71 个。依托国家苹果工程中心苗木繁育基地建设，累计选育出"早中晚、红黄绿、甜香脆、名优特"苹果新品种 21 个。"山东烟台苹果产业集群"获农业农村部和财政部批复建设，全国同类优势特色产业集群仅 2 个。

第二，开展多项活动，提升品牌效应。要提高产业整体效益，必须要有过硬品牌。按照把"烟台苹果"打造成世界级知名品牌的思路，大力实施"区域品牌、产品品牌、企业品牌"三位一体品牌建设战略。正在筹办高规格的中国·山东国际苹果节暨第 21 届国际果蔬·食品博览会，吸引国内外苹果主产区代表参会，加快"引进来、走出去"步伐。积极组织义捐献爱心行动，疫情期间组织爱心企业开展"烟台苹果驰援黄冈"爱心行动，累计向湖北黄冈捐赠苹果 220 多吨，有力支援了黄冈战疫。开展全媒体宣传。举办"苹你最美"烟台苹果主题摄影大赛，全方位、多角度呈现烟台苹果发展成果和风土人情。线下、线上两条腿走路，巩固提升线下实体营销网络，上半年在全国一二线城市建设 100 个"烟台苹果"品牌形象店；全面拓展线上空间，建设"烟台苹果产业互联网平台"，深耕抖音、淘宝、京东等电商平台。

第三，运用公共政策工具，构建高质量发展平台。市委、市政府研究出台了《关于加快推进苹果产业高质量发展的实施意见（2020—2022 年）》《烟台市苹果产业高质量发展规划（2020—2025 年）》，建立了由市委、市政府主要负责同志任双组长，分管负责同志任副组长，有关县市区一把手和市直有关部门主要负责人为成员的苹果产业高质量发展工作推进机制。多方面争取政策支持，多方面争取政策支持，争取国家级山东烟台苹果产业集群项目、省特色高效产业平台项目、山东苹果·果业产业技术创新创业共同体项目，仅省级以上财政投入 3 年累计超过 4.2 亿元。市政府与省农业发展信贷担保有限责任公司开展"政银担"合作，推出"鲁担惠农贷——果树贷"产品，落实贷款资金超过 3.53 亿元；市、县两级安排财政专项资金近 2 亿元，支持苹果产业全产业链发展。瞄准产业发展制高点，搭建科技创新中心、大数据中心、展示交易中心三大中心。科技创新中心被省政府纳入"1+30+N"创新

硕果累累（王忠军摄）

创业体系。以"政务云"为支撑建设大数据中心，目前正在开展果园环境、农户、品种、投入等49类信息数据的采集工作。栖霞市承建展示交易中心，完成了设计施工一体化项目的招标工作。三大中心预计2021年正式运营。

下一步，烟台市将按照省、市党委、政府要求，重点抓好更新改造后的老龄果园管理、示范园区建设、精深加工企业培植、三中心一场馆建设、党支部领办合作社、品牌宣传推介、节会筹备等方面工作，重点突破，全面推进，全力打造乡村振兴的"烟台样板"。

2020年作为烟台市推进苹果产业高质量发展的第一年，机遇和挑战并存，先进经验可以归纳如下。

一、注重理念创新增强引导力

烟台苹果和苹果产业起步早、先发优势明显，但历经30多年的领先发展之后，也面临着诸多亟待解决的问题。如何坚持问题导向破解当前面临的难题，如何坚持目标导向促进提质增效，成为全市苹果产业发展绕不过去的坎。

对标先进找差距。 2019年10月，烟台市委主要负责同志带队赴陕西考察学习，形成了《学习借鉴外地经验加快烟台苹果产业转型升级的调研报告》。相对陕西苹果"产业定位高、发展速度快、产学融合深、转型力度大、宣传效果好"的发展态势，烟台苹果发展的短板比较明显：一是人老、树老、品种老"三老"问题，60岁以上果农约占1/4、40岁以下不足1/10，树龄20年以上的老果园、郁闭园达120万亩，品种相对单一、红富士种植面积超过80%；二是用工高、消耗高、成本高"三高"问题，受劳动力成本20%左右的年均增速影响，苹果种植成本达到每亩6 000元以上，保本价格达到2元/斤；三是国际、国内和其他水果市场挤压"三压"问题，国际苹果消费市场增速放缓，国内陕西等苹果产区量质齐升，苹果市场结构性失衡矛盾突出，市场压力越来越大。这让烟台更加清醒地认识到，加快推进苹果产业转型升级刻不容缓。

创新思路找出路。 理念是行动的先导，没有创新的发展理念，就谈不上苹果产业的高质量发展。烟台市主动跳出烟台看发展，积极创新发展理念和工作思路，把苹果产业转型升级作为推进乡村振兴的重要抓手、深化果业供给侧结构性改革的重要内容、提升烟台果品竞争力的重要支撑、促进农民增收致富的重要途径，研究制定了《关于加快推进苹果产业高质量发展的实施意见（2020—2022年）》，提出了推进科技创新、搭建发挥平台、夯实产业基础、强化品牌提升、建立保障体系等5大方面17条具体措施。这些政策措施引领性强、含金量高、导向鲜明，为烟台苹果产业高质量发展提供了科学指引、找到了新的出路。按照《实施意见》提出的目标，到2022年，全市苹果种植面积保持在280万亩左右，产业产值达到260亿元左右，优质果率达到90%以上，将进一步巩固提升"烟台苹果"中国果业第一品牌地位，实现果业强、果乡美、果农富。

着眼长远谋发展。 为科学推进苹果产业高质量发展，实现产业由总量扩张向质量提升、效益增加转变，烟台市既立足当前更着眼长远，精心编制了《烟台市苹果产业高质量发展规划（2020—2025年）》，在深刻分析形势、剖析问题、挖掘优势的基础上，分阶段提出了未来 3～5 年发展的总体要求、发展目标和重点任务，坚持以转型升级提质增效为重点，突出强化创新驱动，着力优布局、优结构、优链条，着力增品种、提品质、创品牌，着力增强核心竞争力、综合影响力和可持续发展能力，在做大做强自身的同时引领全省苹果产业转型升级，努力抢占国际国内苹果产业发展制高点。

二、注重组织创新增强带动力

推进苹果高质量发展，既是一次产业革命，也是一次组织方式变革。烟台市积极推动组织创新，坚持以组织化提升产业化，着力增强苹果产业高质量发展的示范性和带动力。

大力实施苹果产业更新升级三年行动计划。把 120 万亩老旧果园作为重点改造对象，通过伐老建新、"三改三减"（改品种、改树形、改土壤，减密度、减化肥、减农药）两种模式，计划连续 3 年每年改造 40 万亩。2019 年冬 2020 年春已改造老旧果园近 50 万亩，2020 年冬 2021 年春全市计划改造规模不少于 40 万亩，成方连片 30 亩以上规模化改造面积达到 50% 以上，新品种栽培面积达到 25% 以上。招远市引进知名企业春竹集团，投资 8 000 多万元，流转土地 2 380 亩，通过伐老建新，建成以"黄金维纳斯"为主的现代苹果矮砧密植园 2 000 亩。

大力推进四级示范园区建设。统筹整合全市资源，发挥市、县、镇、村四级联动作用，按照"经营规模化、技术标准化、管控机械化、营销品牌化"的现代果园模式，打造市县镇村四级示范园 170 处、3.5 万多亩，为全市老旧果园改造提供了样板、做出了示范。据初步估算，老旧果园改造后，亩均效益可提升 60% 以上，亩均成本可降低 25% 左右，优质果率可提升 30% 以上，实现"两升一降"的效果。

大力推行农村党支部领办合作社。依托党支部领办合作社，创建 588 个果品合作社，通过"合作社＋企业＋农户＋基地"模式，把分散的果农组织起来、分散的果园整合起来、分散的管理统一起来，开展适度规模经营。2020 年以来，在农村党支部领办合作社带动下，组织苹果主产区市发动 7 万多农民改造果园，安排 8 600 多人次农技专业人员，以微视频授课、网上答疑、现场培训等方式进行指导服务；协调 3 600 多家农资企业和经销商、动用 16 万多台（套）机械，进行"点对点"生产、配送，以组织化提升促进了产业化发展。

三、注重科技创新增强竞争力

苹果产业转型发展，关键在科技创新，出路也在科技创新。烟台市坚持把科技创新作为苹果产业发展的主要驱动力，激发新动能，增创新优势，靠科技为苹果产业发展插上了腾飞的翅膀。

强化品种创新。品种是苹果产业的"芯片"，没有优良品种，也就难有优质苹果。面对苹果品种相对单一、红富士种植面积一度超过 80% 的现状，烟台市以消费需求为导向，加紧研发苹果新品种、新砧木，加快推动苹果产业从"一枝独大"到"百花齐放"转变。莱州市郭家店镇小草沟村，创新培育首富 1～3 号、太红嘎啦等 9 个独有品种以及拥有自主知识产权的"烟富 3 号"，在 2018 年国内最高级别农业高新技术博览会——杨凌农高成果博览会上荣获"优秀展示奖"，目前小草沟村拥有优质苹果砧木品种 120 多个，是全国最大的苹果种质资源库，繁育的苗木在全国种植面积已超过 3 000 万亩，覆盖国内所有苹果产区。招远种友农业科技有限公司，打造的苹果多品种系列展示和栽培示范园，每年从 7 月下旬到 12 月上旬，果园品种各异、颜色不一的苹果高挂枝头，成为一道独特的风景，目前示范园内苹果品种达到 60 多个，包括珊夏、华硕等红色果系，静香、瑞雪等黄色果系，岱绿、王林等绿色果系，实现了"早中晚、红黄绿、甜香脆"全覆盖。

强化栽培模式创新。改革栽培模式是现代果业发展的必由之路。烟台市重点加快改革传统乔化栽培模式，集成创新省工省力、优质高效的现代集约轻简化栽培模式。莱州市朱桥镇由家村的"琅琊岭"是"中国好苹果"大赛金奖获得者，该村的成功主要得益于免套袋栽培和矮砧宽行栽培两项关键技术。在山东省果树研究所指导下，琅琊岭开展了为期 3 年的无袋栽培试验，形成了最适宜琅琊岭气候土壤特点的免套袋栽培技术，每亩节约人工及纸袋、反光膜等成本 8 000 元，产量增加 20% 以上，苹果的糖度提高 4 度左右、芳香类物质含量增加 10% 以上；采用宽行密植模式栽培，通过"隔行去行"去掉 800 多棵果树，行距由 3 米增加至 4 米，通风透光性明显改善，树体光合积累增加，果园产量提高 20%，"全红果"比例由 40% 增加至 80%，收益增加 30%。

强化装备创新。果园节本省工的关键是果园机械化，可使果园用工减少，投资降低。目前，已投入 400 万元专门用于苹果产业设备的研发、引进、购置，提升机械化、高端化、智能化水平。蓬莱区昊林果品合作社示范基地 1 200 亩果园，仅配备打药机 2 台、旋耕机 2 台、铲车 1 台、挖掘机 1 台，打药、施肥等田间管理全部实行机械化，提高了生产效率，减轻了劳动强度，节省了人力物力，降低了生产成本。招远市金岭镇大户陈家村从以色列引进农业物联网技术，建设了省内规模最大、与省平台联网最早的"物联网＋"管理平台，打造了 1 500 亩"精准感知、自动决策、智能控制"的现代化果园。在每棵果树下埋有微型喷头，系统通过综合分析土壤情况自动滴灌，使水肥相融后把水分养分定时定量、按比例直接提供给作物，较传统灌溉模式节水 60%、节肥 30%，每亩产量提高 10% 以上、收益增加 5 000 元左右。

强化平台创新。按照"资源整合、功能提升"的思路，以山东省苹果·果业产业技术创新创业共同体建设为契机，统筹科技资源，强化智力支持，一体推进苹果科技创新中心、大数据中心、展示交易中心和苹果文化博物馆"三中心一场馆"建设。其中，苹果科技创新中心（山东苹果·果业产业技术研究院），主要以烟台农科院为载体，整合中国农大、中国农科院、鲁东大学和山东农业大学等果业科技资源，致力搭建集研发创新、集成示范、成果转化于一体的科技创新平台。2020 年 7 月，山东苹果·果业产业技术研究院正式挂牌，是目前全省仅有的一个农业类创新创业共同体；科创中心已与 14 家国内外研发机构签署了合作协议，引进了中国工程院院士束怀瑞、全国唯一的果树专家布拉高夫、欧盟"伊拉斯谟＋"项目团队等一批领军型果业专家和科研团队，为苹果产业科技创新提供了坚实智力支撑。

四、注重产业创新增强新活力

产业创新的核心在于催生新产业、新业态、新模式。烟台市在抓好老旧果园改造升级的基础上，以发展苹果产业"新六产"为方向，在"延伸两端"上用力，在"接二连三"上突破，积极做好"苹果+"文章，把苹果种植与精深加工、冷链物流、观光旅游等统筹起来、同步推进，促进苹果新产业新业态加快发展。目前，全市拥有安德利、联蕾、鑫源等果品贮藏加工企业1 000多家，销售收入过亿元的果品龙头企业达到48家，苹果年加工能力超过400万吨，开发出了果胶、果酒、酵素等系列产品100多种，初步建立起科技研发、生产种植、加工销售和物流配送等产业链条。

做好"苹果+精深加工"文章，培育引进一批苹果高端精深加工企业，改造升级一批生产设备和工艺流程，吸收创新一批国内外苹果加工先进技术，提高产品附加值。龙口市绿杰公司通过"以二带一促三"的产业升级，不仅

晨晖（田洪波摄）

种出了有机苹果，还"种出"了营养丰富、口感独特的"液态苹果"，以苹果醋"酵"响品牌、打开市场，站在了行业的制高点，成为国内饮品醋行业标准的制定者，苹果附加值提高了 6 倍以上，2019 年实现销售收入 1.7 亿元。

做好"苹果 + 冷链物流"文章，健全苹果等果品冷链物流网络体系，实施冷链物流产业链升级延伸工程，实现苹果的全季节供应，满足消费者对生鲜果品的需求。烟台泉源食品是山东省唯一的农业类独角兽企业，与齐鲁智慧物流发展有限公司合资组建齐鲁源泉供应链有限公司，共建"天下果仓"项目，规划在现有 5 万吨气调保鲜库的基础上，新建 30 万吨智能化冷库，引进自动化选果机和流水线，实现入库、出库智能作业，以 5 万吨规模核算，仅人工费用一项即可节约近 2 000 万元成本。

做好"苹果 + 观光旅游"文章，充分发挥烟台苹果资源富集的独特优势，实施休闲农业和乡村旅游示范创建工程，推进苹果主题小镇建设，发展苹果种植、苹果花海、苹果采摘等体验式沉浸式旅游形式，不断丰富苹果主题旅游业态和产品。"果都栖霞"以果为媒、以游为线，创新发展苹果采摘游，70 万亩苹果园年可吸引上万名游客到果园观光游玩、采摘体验，既节省了采摘成本、增加了农民收入，又丰富了旅游市场、提升了旅游体验。

做好"苹果 + 线上营销"文章，积极构建线上市场营销体系，大力推广电商平台、直播带货等线上营销模式，打造苹果电商销售"明星网店"，包装"苹果网红""流量苹果"，打开销路、提高销量。烟台中泉食品积极融入直播带货经济，邀请知名主播团队进行直播带货，1 小时最高带货量可达 500 多万元，3 次直播带货销售额高达 2 000 万元。据不完全统计，2020 年以来全市线上苹果销售 37 万吨、同比增加 24%。一个小苹果做出了大文章、大产业，真正让苹果成为了群众增收的幸福果，让苹果产业成为了乡村振兴的富民产业。

五、注重品牌创新增强影响力

实施苹果品牌战略，提升苹果品牌竞争力，是取得市场竞争优势的关键。烟台市大力实施"区域品牌、产品品牌、企业品牌"三位一体品牌建设战略，整合果业品牌资源、展会资源，拓展线上线下营销宣传，力争把"烟台苹果"打造成世界级知名品牌。

开展高密度宣传推介。按照"海陆空、市内外、线上线下"的宣传推介思路，加大宣传力度、提高营销热度、增加推介密度，在抖音、快手、淘直播等新媒体上开展"烟台苹果"宣传，在大中城市、大型果品市场、大型超市等设施"烟台苹果"体验店或摊位，在航空高铁、枢纽场站、酒店宾馆等区域投放"烟台苹果"广告，全方位、多渠道、立体化搞好品牌推广。目前已先后在中央电视台、人民日报、新浪网等主流媒体专题报道600余次，在全国设立100个"烟台苹果"体验店、形象店，在烟台城区及有关区市显要位置设置苹果宣传广告，成功举办"苹你最美"主题摄影大赛。2020年新冠肺炎疫情期间，组织爱心企业开展"烟台苹果·驰援黄冈"爱心行动，累计向湖北黄冈捐赠苹果220多吨，有力支援了黄冈战疫，中央电视台《新闻联播》进行了专题报道。

筹办高水平节庆展会。按照"国际标准、世界眼光、扩大影响"的定位，2020年10月27—29日，成功举办了中国·山东国际苹果节，邀请世界知名苹果产区、国内苹果主产区参会参展，推出研讨交流、经贸洽谈、产销对接等系列活动，打造国内外具有重要影响力的品牌性、标志性行业展会，持续叫响"烟台苹果——中国第一个苹果"的节会品牌。

壮大高价值区域公用品牌。充分发挥烟台苹果中国特色农产品优势区、中国苹果环渤海优势产区核心区的产区优势，深度挖掘品牌文化内涵，放大区域公用品牌价值和效用，着力打造"烟台苹果"区域公用第一果品品牌形象；鼓励企业在产品及产品包装上使用"烟台苹果""栖霞苹果"农产品地理标志证明商标和统一的宣传用语，全面提升"烟台苹果""栖霞苹果"的知名度和美誉度。

▎ 六、注重机制创新增强保障力

烟台市立足苹果产业转型发展需要，以机制创新引导各类资源要素向苹果产业聚集，保障支撑苹果产业高质量发展。

创新工作推进机制。成立烟台市苹果产业高质量发展工作领导小组，建立由市委市政府主要负责同志任双组长、分管负责同志任副组长的苹果产业高质量发展工作推进机制，负责顶层设计、整体谋划。把苹果产业转型升级列入全市"三重"工作，并作为"重中之重"项目推进，明确任务目标、牵头领导、牵头单位、时限要求等，每周一调度、每月一通报、每季一评估；把推进苹果产业高质量发展作为乡村振战略考核的重要内容，作为年度奖先评优的重要依据，形成一级抓一级、层层抓落实的工作局面。

创新多元投入机制。落实财政资金方面，市财政每年安排 5 000 万元专项资金，连续 5 年、合计 2.5 亿元补贴，重点支持科技创新、果园改造、示范园建设、精深加工、品牌宣传推介、人才引育等，2020 年国家、省、市、县四级财政支持苹果产业专项资金已累计安排 2.7 亿元，8 个苹果主产县配套资金 1.4 亿元。龙口市每年安排专项资金 2 500 万元，对 6 项建设内容分档次实施奖补、最高每亩奖补 3 200 元，对验收合格的县镇村三级示范园分别奖补 60 万元、24 万元和 12 万元，为产前、产中、产后全产业链提供有效资金保障。整合涉农资金方面，引导高标准农田建设、水肥一体化、耕地地力提升等涉农资金向苹果产业重点倾斜，争取农业农村部、财政部的烟台苹果产业集群项目、省高效特色农业发展平台项目和山东苹果·果业创新创业共同体项目资金，未来 3 年将累计投入超过 4.2 亿元。吸引社会资金方面，鼓励支持各类社会工商资本积极参与苹果产业发展，2020 年上半年投入资金超过 4.4 亿元，示范带动合作社、家庭农场、种植大户和家庭经营户进一步增加投入，形成了党委政府重视、社会舆论关注、产业高质量发展的良好氛围。争取信贷资金方面，通过"政银担"的方式，加强与省农业发展信贷担保公司合作，共同推出"鲁担惠农贷——果树贷"产品，为果业种植经营户提供10 万～ 300 万元的政策性贷款，省市两级财政贴息贷款利率达到 5 个百分点以上，目前已落实信贷资金超过 3.5 亿元，有效缓解了果农果企融资难、融资贵问题。

创新人才引育机制。按照"领军人才＋团队＋项目"的模式，多渠道引进一批对烟台苹果产业发展具有重大影响的国内外高层次创新创业科技人才和科研团队；完善首席专家、农业技术推广人员和新型经营主体联动机制，探索建立"创新团队＋基层农技推广体系＋新型职业农民培育"的新型农业科技服务模式，通过高校培养、基层锻炼等方式，提升专业技术人员和新型职业果农素质，利用 3 年时间，每年培育 1 000 名基层果业科技致富带头人。栖霞、蓬莱、招远等区市牢牢抓住农业科技主动权，多层次、常态化推进院地合作交流，共建共享创新平台，促进科研成果转化，依托已建成的束怀瑞院士工作站、张福锁院士科技小院、山东省农业科学研究院"苹果博士工作站"等，打造产业人才集聚地，为苹果产业高质量发展提供坚实智力支撑。

IV 区县经验 PART FOUR

烟台市所辖区县
乡村振兴典型经验

海阳大秧歌贺年会
(烟台市农业农村局供图)

莱州市省部共同打造乡村振兴齐鲁样板示范县暨率先基本实现农业农村现代化试点县创建工作推进情况

2020年，莱州市抢抓省部共同打造乡村振兴齐鲁样板示范县暨率先基本实现农业农村现代化试点县创建机遇，坚持突出特色、放大优势、深挖潜力、补齐短板，以全省第二名入选"2020中国乡村振兴百佳示范县市"，农村人居环境整治成效被央视《新闻联播》《焦点访谈》推广报道，苹果产业高质量发展、生猪稳产保供等典型经验被新华社、《光明日报》《经济日报》等多家"国字号"媒体宣传推广。

一、多措并举，砥砺深耕，打造现代种业发展新引擎

坚持将现代种业作为推动产业振兴的核心竞争力，着力打造以种业产业为核心的省级现代农业产业园，扶持培育了以国家级龙头企业登海种业为旗舰、22家规模以上企业为支撑的现代种业企业方阵，创建省级以上种业科研平台8个，形成了集种子科研、生产、推广、销售为一体的全产业链发展格局。全市累计获得省部级以上奖励近百项，植物新品种审定数量和保护权数量均居全国县级市前列，玉米良种推广面积超过14亿亩，创造社会经济效益达到1 400多亿元，为"把饭碗牢牢端在自己手中"作出了卓越贡献。

建成高标准农田4.7万亩，新增水肥一体化技术应用面积2.6万亩，以全省第一名的成绩入选全国第一批农作物病虫害绿色防控示范县。累计争取各级购机补贴及省级农机深松整地作业补助资金740万元，位居烟台各区市首

位。综合生产能力稳步提升，建成省级现代农业产业园，培育农作物新品种71 个，小麦高产攻关亩产达 835.8 千克，均名列全省前茅。狠抓粮食产业稳定发展，粮食总产量常年稳居烟台市第一位，占烟台市粮食总产量的近 1/3；全面落实"藏粮于地，藏粮于技"战略，着力突破粮食高产创建，曾 7 次刨造我国夏玉米单产最高纪录、2 次打破世界夏玉米单产最高纪录、3 次刷新全国冬小麦单产最高纪录。

二、持续用力，重点突破，做大做强特色农牧优势产业

生猪出栏常年稳定在 100 万头以上，引进新希望六合、海大、天普阳光等多个国内 500 强畜牧企业，带动莱州市畜禽产业全链条发展、一体化经营；在全省率先推广生猪政策性保险与无害化处理联动机制，为生猪产业稳定发展筑牢基础屏障；在全省率先引进零污染、无臭味的生物酶薄床养殖技术，解决小型养殖场户畜禽养殖环保问题，《中国环境报》《大众日报》等多次报道莱州市经验做法；市镇村三级防疫体系建设完善，全面做好非洲猪瘟等重大动物疫病防控，2000 年以来从未发生重大动物疫情。

抓好苹果产业高质量发展，成功试验推广苹果免套袋和化学疏花疏果技术，省力化栽培模式走在全国前列，全国苹果省力化栽培现场会议在我市召开。成功打造琅琊岭和小草沟两张国家级苹果产业"名片"，琅琊岭生态园包揽山东（烟台）国际苹果节 4 项大奖，连续两年荣获"中国好苹果"大赛金奖；小草沟苗木跻身中国苹果产业榜样 100 品牌，擦亮小草沟村"中国苗木第一村"金字招牌，"小草"牌苗木累计销售达 2 亿多万株，为推动全国苹果由乔化栽培向矮化栽培的转变作出巨大贡献。莱州大姜、莱州韭菜全面实现标准化、规模化、精准化生产，先后纳入省级农业综合标准化试点项目，产品畅销国内外。创新发展农产品电子二维码合格证，经验做法被农业农村部收录并全国推广。

三、夯实基础，科技创新，不断提升耕海牧渔质量效能

不断夯实水产繁育基础。莱州市是全国重要的水产苗种繁育基地，目前

全市拥有水产苗种生产厂家 97 处，育苗水体 35 万立方米，能够开展 20 多个养殖品种的苗种培育工作，其中海湾扇贝、半滑舌鳎、大菱鲆、石斑鱼、海蜇等品种的育苗技术居国内领先水平。

持续领先培育名优品种。 创立大菱鲆独具中国特色的海水鱼设施渔业养殖新模式，实现大菱鲆产业化养殖和育苗，培育出半滑舌鳎苗种并达到国际同类研究先进水平。近年来，依托明波、蓝海、海益等五处省级以上良种场和海上粮仓遗传育种中心，大力推广斑石鲷、石斑鱼、紫扇贝等渔业养殖新品种、开发并繁育珍珠龙胆、云龙斑、褐龙斑、杉虎斑等 8 个品种石斑鱼优良品种。

提质增效发展现代渔业。 创建国家级海洋牧场 2 处、省级海洋牧场 1 处，"陆海接力"养殖模式经验做法在中央电视台宣传推广，"龙头企业 + 专业合作社 + 养殖户 + 海域代管"的泽潭模式，入选全省乡村振兴座谈会典型案例，莱州高效生态海洋牧场产业示范园成功获批省级海洋特色产业园。莱州明波水产有限公司被农业农村部确定为全国循环水养殖示范场、院士工作站、省级半滑舌鳎工程技术中心，先后承担了国家"863"、十五攻关、山东省科技攻关、农业良种产业化等多项国家级省级重大课题，率先突破了半滑舌鳎人工育苗技术，所获成果国际领先，被评为山东省科技进步一等奖、国家科技进步二等奖。

▌ 四、深化改革，精准施策，引领农业农村现代化发展新格局

深化农业农村改革。 自 2017 年高标准完成省级农村集体产权制度改革试点开始，莱州市多措并举全力推进改革进度，2020 年 6 月，全市 977 个村庄全部完成产权制度改革并完成登记赋码，烟台首张农村集体经济组织证书在莱州市诞生；先后成立党支部领办合作社 428 个，创树多处示范典型，持续引领带动村级集体经济发展壮大，至 2020 年底集体收入 5 万元以下村庄全部消除。

持续改善农村环境。 扎实开展"一村一方案"整治、逐村清底验收、"百日攻坚"等系列活动，严格落实"每月暗访"和"季度观摩"的"双线"工

作法，定期开展"电视问政"，代表烟台迎接省农村人居环境三年行动评估验收，成绩位居迎检县市区第一名，创新推出的"胡同长"制度经验做法作为人居环境典型案例在全省推广。农村人居环境整治成效被央视《新闻联播》《焦点访谈》推广报道。

优化产业发展平台。发展市级以上农业龙头企业 24 家，培育新型农业经营主体 2 300 多家，"龙头连基地，基地带农户"的产业经营格局日益完善。在全省首创推广食用农产品电子二维码追溯制度，典型经验做法被农业农村部收录并全国推广，"三品一标"产地认证面积居全省县级市前列。深入落实"四增四减"，以全省第一荣获全国第一批农作物病虫害"绿色防控示范县"。拥有登海、莱州大姜等涉农中国驰名商标、山东省著名商标及国家地理标志证明商标 20 余件，国家地理标志证明商标数量居全省县级市前列。

▎五、聚焦治理，激发活力，培育支持人才和组织资源开发

强化培训指导和政策扶持，"双招双引"下功夫。开展形式多样的现代农业培训，选派专家赴基层一线开展教育培训、科技指导、咨询服务等活动，全年免费培训高素质农民、农村实用人才、农技推广人员 1.9 万人次。落实《关于推进人才优先发展的若干措施》，从资金资助、融资支持、住房保障、生活服务等方面给予激励扶持，发放新引进高层次人才奖励补贴等扶持资金 500 多万元。设立技能人才优育基金，发挥生物育种"乡土人才"培训基地、海水养殖"蓝色人才"培训基地作用，培训专业技术人才 1 000 多人次。围绕海洋渔业、生物育种等优势产业和登海种业、明波水产等龙头企业，引进省级以上高层次人才及外国人才 125 名；有效申报泰山产业领军人才、烟台市"双百计划"等高层次人才（团队）、烟台市产业领军人才 19 名（个）；推荐申报博士后科研工作站 1 处、院士工作站 1 处；与山东科技大学、山东农业大学建立战略合作关系，新设南京、宁波、沈阳、兰州、厦门 5 处驻外人才工作站。

多措并举发展壮大村集体经济。实施党支部领办合作社"拓面提质"行

莱州市美丽乡村（莱州市农业农村局供图）

动，安排 1 000 万元专项引导资金，对合作社项目进行奖补。确定 60 个中央财政资金扶持村，每村补助资金总额不低于 50 万元，注册成立 417 个党支部领办合作社，60% 以上合作社实现分红，东莱金银花种植农民专业合作社联合社在烟台基层党建观摩"十佳项目"中位居第 1 名。建立健全解决相对贫困的长效机制、防止致贫返贫动态监测机制，全市 4 742 户、7 424 名贫困群众全部稳定脱贫，38 个省扶贫工作重点村全部摘帽出列。

健全完善农村干部监督管理体系。扎实开展农村干部干事创业活动，精心打造 12 处乡村振兴党建融合发展区。推行农村干部干事创业"大公示、大考核、大表彰"，对全市 977 个村逐一排名，根据考核成绩奖补村级组织运转经费、提高村干部报酬，真金白银激励农村干部干事创业。全面推行村级财务收支公开，制定出台农村集体资金资产资源管理办法，做到有章可循、有规可依。

全面夯实基层基础。着力抓牢基层班子建设，公开遴选村党组织书记 9 名，选派"第一书记"97 名，新调整党组织书记"一肩挑"村庄 295 个。加大软弱涣散村整治力度，筛选 19 个重点整治村庄，市级领导一线挂帅、成立工作组进驻靠上，以点带面推动村庄风气持续好转。新建改造党建工作示范区 17 个、社区党群服务中心 37 个、村级活动场所 238 个，全面完成农村集体产权制度改革任务。

六、维护绿色，倡导文明，建设美丽宜居乡村新家园

大力推进新时代文明实践，深入开展乡村文明行动。建立新时代文明传习中心 1 处、传习分中心 17 处、村级文明实践站实现全覆盖，重点打造 50 个示范点，推出西小区社区"好好说话"、仓东村"一封家书"等 420 个特色品牌，3 个品牌入选山东省新时代文明实践优秀案例。扎实开展文明村镇创建活动，着力倡导新风尚、培育新农民、营造新环境，全市文明达标村覆盖率达到 90% 以上。持续推进移风易俗工作，婚丧嫁娶大操大办、铺张浪费等问题得到有效遏制，"一约四会"实现全覆盖。

积极开展各类文化活动。镇街综合文化站和村级综合性文化服务中心建成率达到 100%，农村文化大院、农家书屋实现全覆盖。蓝关戏《四知太守》参演全国"2020 年戏曲百戏（昆山）盛典"，仓南村村歌《幸福仓南合作社》入选中国村歌大赛"百佳村歌"。

持续改善人居环境，建设绿色宜居家园。完成 300 户以上自然村建设改造公厕 230 座、农村户厕改造 77 655 户，全面完成上级下达任务。636 个村庄通过污水治理验收，完成率达到 67%，超过上级下达的 50% 治理目标。全面完成 904 个村庄农村道路户户通任务，村庄建成美丽庭院示范户比例达到 100%，烟台市农村通户道路硬化和美丽庭院建设现场会议在莱州市召开。畜禽粪污综合利用率达到 91%，农作物秸秆综合利用率达到 95%，农膜回收率达到 80% 以上，农业生产废弃物资源化利用保持较高水平。集中打造金仓美丽乡村样板示范片和 28 个省级美丽乡村示范村，2019 年打造的 6 个省级美丽乡村示范村顺利通过省级评估验收，高标准规划、高标准建设朱旺村、小

草沟村两个省级美丽村居，全市累计完成美丽乡村整治提升村庄 850 多个，在烟台市农村人居环境整治暨美丽乡村样板示范片观摩评议中，莱州市综合成绩列第二位。

健全完善常态长效监管机制。扎实开展"一村一方案"整治、逐村清底验收、"百日攻坚"等系列活动，严格落实"每月暗访"和"季度观摩"的"双线"工作法，定期开展"电视问政"，代表烟台迎接省农村人居环境三年行动评估验收，成绩位居迎检县市区第一名，创新推出的"胡同长"制度经验做法作为人居环境典型案例在全省推广。

"大会战"催生"新蝶变"

——龙口市开展农村人居环境整治攻坚提升
"大会战"纪实和经验总结

抓好农村人居环境整治工作，是落实中央1号文件关于"对标全面建成小康社会加快补上农村基础设施和公共服务短板"的一项重大任务，是实现乡村振兴的基本保障。近年来，龙口市坚持党建引领、高位推进、多方联动、全域提升，每年整合涉农资金1亿元以上，重力推进农村人居环境整治工作，市委主要领导多次召开市委常委（扩大）会议研究推进农村人居环境整治工作，不定期实地督导调研，农村生产生活环境逐年改善，群众幸福感、满意度持续提升。截至目前，全市完成农厕改造68 181户，改厕率达到93.6%，300户以上村庄公厕实现全覆盖，生活污水治理率达55%，全面完成农村道路"户户通"修建任务。

2020年5月上旬以来，龙口市着眼于疫情防控常态化，以深化落实爱国卫生运动为抓手，在全域范围内开展了为期50天的农村人居环境整治攻坚提升"大会战"活动，市镇村三级联动、合力攻坚，一幅幅村美路净、生态宜居的美丽画卷全面铺开，农村面貌焕然一新，龙口市在烟台市农村人居环境整治县市区综合评议中连续两个季度位居第一名。

▎一、坚持高位推动，发出全域行动"集结令"

统一思想凝共识。市委、市政府高度重视，于2020年5月9日召开全市动员大会，采取"一竿子插到底"的方式，通过龙口党建频道现场直播，直接开至村级、开到群众家中，让群众切实感受到市委、市政府向环境"脏乱差"宣战的决心和信心。市委主要领导亲自动员部署，把农村人居环境攻坚提升"大会战"作为为群众办实事、办好事的重要抓手，作为深入开展爱国卫生运动的主要载体，靶向明确，集中实施，全力实现农村环境大起底、大整治、大巩固。

明晰思路定目标。一方面根据农村人居环境整治工作总体要求，印发《全市农村人居环境整治攻坚提升"大会战"实施方案》，以强化疫情科学防控为切入点，从群众最迫切、最期盼解决的问题入手，明确"三清三治三规范一拆除"十项工作重点，逐村建立台账，分阶段统筹推进。另一方面结合镇街区整治工作成效，对整治措施得力、效果明显的区域，留存对比照片，市里统一制作《农村人居环境整治标准手册》，以图片形式更加直观地展示整治要求，进行标准化推广。

舆论跟进广引导。市委农办、组织部、团市委、总工会等部门通过多种方式向社会各层面发出倡议，引导全民参与环境整治。市里同步开通农村人居环境整治工作专栏、"全民扮靓龙口，提升城乡颜值"大型网络直播活动，开设"铁腕妙手治顽疾英雄榜"，全方位、多角度展示各级各单位农村人居环境整治工作推进情况。各镇村采用悬挂横幅、流动宣传车、村级大喇叭、公众号等方式，形成立体式、全覆盖动员体系。"大会战"活动开展以来，全市累计发布公益广告、新媒体报道、刊发评论等各类报道 500 余篇（次），网络阅读量达到 100 万人次以上。

▌ 二、坚持党建引领，吹响环境整治"冲锋号"

亮身份让党员明责。充分发挥党员的先锋模范作用，党员户统一挂牌上墙，先行一步，做给群众看、带着群众干。各村党支部组织所有党员带头，从自家做起，带头清理自家庭院、房前屋后，清除乱搭乱建、乱贴乱画，为群众做出样子。工作片干部、村"两委"成员和村民代表组成验收小组，利用五月份主题党日，对党员自家环境整治工作完成情况逐户进行现场评比，按百分制进行打分排序，党员得分排序情况和未整改到位的问题在村级公开栏张榜公示。对行动迟缓、敷衍应付整改不到位的，视情由镇村两级进行谈

龙口市暮色流云 （烟台市农业农村局供图）

话教育，并限期整改；对存在拒不配合、屡教不改等问题的，按照不合格党员有关规定进行处理。黄山馆镇店子村 93 岁老党员赵日友积极响应，主动清理门前杂草乱石；芦头镇望马史家村 85 岁老党员林洪选，积极加入村级清理队伍，带头跳进沟渠清除杂物，以实际行动为群众作出表率。

压担子促党员扛责。把人居环境整治作为检验村级班子组织力、凝聚力和干部战斗力的"试金石"，结合村级班子换届集中考察，各镇街区成立考察组，在工作一线跟踪考察村干部的责任担当与工作能力，挖掘一批敢挑重担、善啃"硬骨头"的村干部及优秀后备人选。新嘉街道后邹村因前期人居环境整治工作开展不力，经新嘉街道党工委研究对该村支部书记降职处理，该同志知耻而后勇，从整治难点入手，全面启动村庄环境整治，发动群众拆除村内乱搭乱建 80 余处，清运垃圾、乱堆乱放 100 多车，实现了后进变先进。七甲镇前迟家村 1989 年出生的村委会主任迟元帅，在人居环境整治过程中，主动作为、真抓实干，带领村干部一次又一次上门做群众工作，拆除村民房前屋后乱搭乱建 70 余处、近 1 000 平方米，全村拆违覆盖率达到 98%，村民门前柴草堆实现全部清零，获得了群众支持，赢得了村民信任。

搭平台让党员尽责。各村党支部将本村住户合理划分为若干网格，每个网格安排 1 名党性强、威信高、工作认真负责的党员担任网格长，牵头带领网格内其他党员共同组织发动网格内群众，各负其责地做好自家环境整治工作，营造人人参与、人人尽责的浓厚氛围。东江街道结合实行党员量化积分管理，开展"党员责任区""党员责任街"认领活动，由党员主动认领重要部位、主干街道，实行挂牌公示，为党员展示作为搭建基础平台。

三、坚持多方联动，打赢重点难点"攻坚仗"

头雁引领激干劲。市委、市政府主要领导以身作则，率先垂范，分别沉到东江街道小李家村、北路村担任"施工队长"，现场指挥，一线作战，形成了强有力的示范引领作用；市人大常委会组织班子成员到北马镇朱占村，与群众打成一片，沉下身子参与清理卫生；相关包镇市级领导分别到所包联乡镇参与活动，全市形成以上带下、心齐劲足的良好局面。在此感染下，新嘉街道徐家庄村借势而上，一举清除存在近 10 年的 2 000 多立方米历史存留垃圾，土地翻新后计划栽植苗木绿化，难点变亮点，死角变景观。

上下联动聚合力。市级层面，常态化开展党员干部下基层环境整治活动，已组织开展 2 次"干群携手，共建家园"农村人居环境整治主题实践活动，全市 73 个部门单位按照包帮责任分工，由主要领导带头，1 500 多名机关干部参与，分别进驻 50 个环境整治压力较大的村进行结对包帮，主动协调机械，组织和动员村庄党员干部群众集中攻坚，清理存留垃圾、建筑垃圾，解决了一批"老大难"问题，共清理历史存留垃圾 1.2 万吨、建筑垃圾 9 500 多吨，整治门前废品堆放 1.5 万处、乱贴乱画 1.3 万处。镇级层面，镇街区主要领导到整治难度最大的村参加活动，到整治任务最重的区域承担责任，带领干部群众啃下最难啃的"骨头"；包村干部驻村、靠到现场带头示范、一线指导、及时研判，帮助村里解决整治难题。度假区黄河营村街巷因村民私自占地建菜园，红白喜事时车辆无法开到家门口，"大会战"过程中，镇里安排副科级干部靠驻在村，清理了 100 多处街巷菜园地，街巷宽了、环境好了，群众出行也方便了，得到群众充分认可。村级层面，村"两委"干部身先士卒，挨家挨户宣传劝导，帮助村民搬运整理堆放在屋前的杂物，带动群众自觉参与环境整治。新嘉街道北石村支部书记带领村干部逐户登门做群众工作，用一个月的时间拆除村内乱搭乱建76处、1 500平方米。同时，充分发挥文明实践分中心和实践站的阵地作用，调动党员志愿者和社会义工组织，踊跃参加农村人居环境整治活动，累计参与环境整治社会义工达2 000多人。

现场观摩促提升。2020年6月2日，以"比学赶超，再掀环境整治新高潮"为主题，召开农村人居环境整治攻坚提升"大会战"现场会议，由市委、市政府分管领导带队，各镇街区主要负责人参与，实地观摩东江街道小李家、大田周家等5个连片村整治效果，选取4个前期整治效果明显的镇街以PPT形式进行交流发言，通过现场看、互相学、促比拼，进一步激发斗志、增强干劲，以更强决心、更大力度抓好农村人居环境整治工作。

四、坚持全域提升，夺取全面胜利"收关战"

一丝不苟抓验收。市里成立3个督导验收组，市委、市政府督查室、纪委监委等部门全程参与，对照《全市农村人居环境整治攻坚提升"大会战"工作评分标准》，对各镇街区自查通过并提报的村庄按照"十项重点任务"，以80分为及格线，逐条街巷查看、逐项任务计分、逐个村庄验收，达标村庄当天公示，不达标准不予通过，倒逼工作开展。

严督实考比高低。制定"大会战"活动考评奖惩体系，与镇街区机关干部年终考核奖挂钩、与村支部书记年终奖挂钩。在此基础上，市里将评选人居环境整治先进村居100个、进步村居100个，分别给予一定的资金奖励；选出50个环境整治较差村，扣除一定比例的村级转移支付，并将评选出的人居环境整治先进村居、进步村居、较差村向全社会公开，接受广大群众的监督和评判。

多措并举促长效。第一，完善党员包街机制。积极发挥村"两委"干部、党员、村民代表示范引导作用，各村党支部将本村住户合理划分为若干网格，每个网格安排 1 名党性强、威信高、工作认真负责的党员担任网格长，牵头带领网格内其他党员、干部、村民代表共同组织发动网格内群众，各负其责地做好自家环境整治工作，营造人人参与、人人尽责的浓厚氛围。第二，完善督查评价机制。为进一步巩固农村人居环境整治成果，市里先后开展 5 次实地检查观摩评比活动，随机抽查村庄 200 多个，逐村计分，取平均成绩列入镇街区党政班子乡村振兴战略实绩考核；聘请第三方机构每季度对各镇街区工作开展情况进行实地暗访，通过以查促干、以督促改，推进农村人居环境整治工作走深走实。评选人居环境整治先进村居 100 个、进步村居 100 个，分别给予一定的资金奖励，并将评选出的人居环境整治先进村居、进步村居向全社会公开，接受广大群众的监督和评判。

完善群众参与机制。引导各镇街区结合实际，因村施策，精准实施，研究能够调动群众参与环境整治积极性、主动性的工作方法，实现共治、共享

龙口市家乡天鹅湖（烟台市农业农村局供图）

和常态、长效。黄山馆镇探索推进"积分制"，开展每月逐村逐户评分，季度积分兑换香皂、毛巾等物品，通过小积分兑出大动能，带动群众自觉参与环境整治，主动保持房前屋后整洁。下丁家镇结合山区特色，探索改造"微果园""微菜园"，将整治出的空闲地改造成各具特色的小田园，有效避免乱堆乱放现象反弹，目前该镇已改造"微果园""微菜园"170 多处。

┃ 五、坚持典型带动，高标打造示范片区

集中资金、政策、项目等优势资源，全力打造黄山馆、诸由观美丽乡村样板示范片，市财政安排补助资金 5 000 万元，撬动镇村投入 9 000 万元，以点带面助力乡村振兴全面起势、全面提升。

一是放大特色优势。立足资源禀赋，一体布局，因地施策，在示范片内启动实施 51 个重点项目，其中黄山馆镇依托爱国人士徐镜心故居，打造镜心湖、打谷场等乡愁记忆工程，建设花海云天、红枫映海等景观节点 11 处；诸由观镇依托胶东特色民居，修缮开发古宅古院，发展休闲乡村旅游，示范片内村庄基础设施水平全面提升。劳动节、国庆节等假日期间，两个示范片日可接待游客上万人次。

二是提升基础设施。开展村容村貌集中整治行动，发动党员干部、群众积极参与大环境整治，2020 年以来两个片区拆除乱搭乱建 181 处、1.6 万平方米，清理乱堆乱放 500 余处；实施绿化串联工程，在重点路段进村路、连村路实行绿化带拓宽，新栽植绿化苗木 80 万株，新增绿化面积 70 多万平方米；统筹实施后柞杨村、耩下刘家村农村自来水改造和农村生活污水治，投资 800 万元完成农村生活污水集中收集处理。

三是整合部门资源。组织乡村振兴涉及部门对示范片内村庄进行逐村调研、安排课题，根据村庄特点、群众需求，安排 39 个涉农项目在示范片内 15 个村庄实施，推动五大振兴有机融合，目前已完成设施农业建设、道路硬化施工、党群服务中心提升等项目 35 个。

招远市打造"产业三区"加速乡村振兴

2020 年是全面建成小康社会的决胜之年，也是"十三五"规划全面收官之年，招远市坚持以习近平新时代中国特色社会主义思想为指导，深入学习贯彻习近平总书记关于做好"三农"工作的重要论述，以"作风建设年"活动为抓手，统筹乡村振兴战略实施，聚焦"三农"领域"六稳六保"，攻坚克难、砥砺奋进，奋力推动农业农村各项工作实现新突破。突出体现在以"产业兴旺"为乡村振兴重点，因地制宜、放大优势，全力打造"产业三区"，奋力开创乡村产业发展新局面。先后荣获"国家现代农业示范区""全国主要农作物生产全程机械化示范县""山东省农业'新六产'示范县"等荣誉称号。

一、"三大模式"打造省级乡村振兴齐鲁样板示范区

依托大户陈家村自身生态资源优势和产业基础，通过探索推行"三大模式"，奋力将以大户陈家为中心的大户庄园打造成省级乡村振兴齐鲁样板示范区。推行"统—分—统"模式，专业合作社将土地统一规划后，再分片对外发包，吸引村民和城市返乡人群成为"农场主"，形成耕种销售靠合作社、日常管理靠农户的经营模式。目前，大户庄园的 3 500 亩高端果品基地通过此模式，年产值达 7 600 万元，带动农户亩均增收 1 500 元。推行"合作社抱团"模式，为破解传统农业"单打独斗"效益低下的难题，探索形成了"大手牵小手"的联合社创建经验。2020 年以来，大户庄园与 12 家合作社组建新型农业产业发展联盟，新流转土地 400 亩，栽植苹果、蟠桃等果树 260 余亩，建设葡萄、草莓大棚 10 余个，为实现抱团发展、共同富裕提供了坚实保障。推行"订单农业"模式，由合作社统一提供种苗、农资和种植技术指导，

地北头王家党建融合发展区（招远市农业农村局供图）

收获后对符合标准的农产品进行定价收购。目前，5 000 亩的五谷杂粮基地通过此模式，年产值超过 3 000 万元，带动农户亩均增收 600 元。

▍ 二、"三化三融"打造乡村振兴融合发展区

着眼提升产业发展效能，创新探索"三化三融"路径，形成了"党建引领、服务集成、整体提升"的产业发展新格局。以"党委规范化运行"推动"组织融合"，突出区域化统筹，着眼破解产业资源要素难集约、思路难统一等难题，按照辐射 2～3 公里半径区域要求，在全市创建 59 个党建引领乡村振兴融合发展区，将一个个分散的村握指成拳、连片打造。以"服务集成化下沉"推动"民心融合"，为提高群众产业发展积极性，全力搭建集公共服务、生活服务和复杂性服务"三位一体"的多功能服务平台。2018 年以来，累计为企业、合作社、群众办理事项 3 万余件，为产业发展营造了良好的环境。以"经济区域化发展"推动"产业融合"，通过党组织引领区域共兴共建，聚

集要素、做大产业，探索形成了镇党委领办联合社、工商资本助力合作社等较为成熟的发展模式，打造镇级农业社会化服务中心 4 家、联合社 3 家、党建融合发展区联合社 3 家，实现乡村产业与乡村治理融合提升。

三、"三动战略"打造苹果产业高质量发展区

招远市在国内最早引进并栽培"红富士"苹果，年产量达 5 亿千克，被誉为"中国红富士苹果之乡"。实施园区带动战略，推进老龄改造基地、提质升级基地、矮砧栽培基地三大示范工程，建设适龄郁闭乔化栽培果园示范基地 22 处，打造 200 亩以上高质量现代苹果提质升级综合技术配套示范基地 1 处，建成矮砧苹果示范基地市级 1 处、县级 1 处、镇级 12 处。实施主体拉动战略，加快培育果业龙头企业、果业农民合作社、果业知名品牌，引导联蕾、金潮等企业投资建设果品精深加工项目，培育国家级、省级、市级果业合作社 1 家、12 家、15 家，规范打造果业合作社 84 个，培育打造联蕾、灵峰等苹果品牌 10 余个。实施要素驱动战略，深入推进农业供给侧结构性改革，激活"人、地、财"要素，签约落地束怀瑞院士工作站，引进果业科技人才 10 余名，健全规范市、镇、村三级土地承包经营权流转市场，吸引市属企业、民间资本累计 2 亿余元参与示范园建设、产业链延伸等工作，为苹果产业高质量发展提供强力的资金支持。

坚持一二三产融合 打造东方海岸果谷

——蓬莱区开启苹果产业高质量发展新篇章

2020 年以来，烟台市蓬莱区认真贯彻落实山东省推动苹果产业高质量发展决策部署，以推进苹果产业供给侧结构性改革为主线，进一步理思路、抓重点、聚合力，为苹果产业高质量发展注入了新的生机和活力，走出了一条新形势下三产高度融合、村企配合联动、乡村全面振兴的发展之路，初步叫响"海岸苹果"世界品牌。全年共接待省内外观摩团队 30 多批次，近百名知名媒体记者和摄影、绘画艺术家到海岸果谷采访、采风，均给予了充分肯定和高度评价。

▌ 一、坚持高点定位，科学谋划产业发展布局

早在 1861 年，第一株西洋苹果就引种到蓬莱。蓬莱山海交融、丘陵起伏，气候温润，特有的火成岩风化土富含锰、铁、锌等矿物质，历经百余年的历史沉淀和海风浸润，蓬莱已成为烟台苹果的优质产区，在果品品质和果品价格方面一直在国内处于引领地位。为进一步凸显产区优势和引领地位，蓬莱区委、区政府抢抓全省推进苹果产业高质量发展有利契机，本着突出独特性、差异化的原则，根据自然资源和区位特色，提出了打造"海岸苹果"区域公用品牌的目标定位。并按照"果业产业化、产业园区化、园区景区化、农旅一体化"发展思路，科学规划了北临黄海、南接元宝山、总面积 30 平方公里的"东方海岸果谷"，规划布局高新科技孵化、现代农业示范、品种试验繁育、产品精深加工、苹果文化引领 5 大功能区，整合各方力量集中打造先行区、示范区。争取到 2022 年，将东方海岸打造成具有鲜明蓬莱地域特色的海岸苹果标志性产地，叫响"海岸苹果"世界品牌。

▍二、突出工作重点，不断夯实产业发展根基

一是强化科技引领。引进"金凤凰"，成立束怀瑞院士、省农科院博士、苹果科技小院等 3 所工作站，与中国农科院果树研究所等 5 个科研院所签订合作协议，聘请霍学喜等 16 位专家为高级科技顾问，夯实了产业发展智力支撑。依托蓬莱国家级农高区，在烟台率先设立县级苹果产业孵化器，孵化培育沃森农业等苗木研发机构 3 家，选育了烟富 10、元富红等自主知识产权品种 17 个，占省级审定的烟台苹果新品种 85% 以上。烟富农业研发的双脱毒苗木，连续三年获得杨凌农高会后稷特别奖，实现国内"有苹果的地方就有烟富 10"的骄人成绩。

二是推进适度规模种植。突出党建引领，培育新型经营主体，引导海岸果谷核心区 8 个村党支部领办了种植专业合作社，发展家庭农场 32 个、种植大户 126 个；鼓励工商资本下乡参与苹果产业高质量发展，先后培育昊林果

蓬莱市费东有机苹果采摘园 （烟台市农业农村局供图）

蓬莱市 130 年树龄"苹果王"(常亮摄)

蔬、仙阁植保等龙头企业 12 家，建成海岸苹果千亩以上现代矮砧集约化栽培园 3 处，500 亩以上 8 处，成方连片改造老劣果园 6 600 亩，带动全区改造老劣果园 6.4 万亩。

三是推广精细化管理。依托苹果物联网，安装气象站、土壤监测站、视频监测站 121 处，应用水肥一体、无人机喷药等技术，节水 60% 以上、节肥 50% 以上、节药 30% 以上，实现了田间管理数智化。制定实施套袋、摘叶、转果、垫果、覆膜等果园精细化管理标准，实现从"亩产冠军"到"亩收冠军"，奠定了蓬莱果价"胶东屋脊"地位。"苹果妈妈"张玉清的精品果园，连续十年亩产过 1.8 万斤，85 毫米以上优质果占比高达 90% 以上，亩均纯收益超过 5 万元，获"中国种植牛人"称号。

四是推行产业化经营。强化分级优选，适期分批采收，增加鲜食比重。发挥耐储特质，鲜果储藏能力达到 60% 以上，实现了蓬莱仙果"吃全年、全年吃"。推进精深加工，依托源力德、嘉桐酒业，新研发酵素、果醋、起泡酒等系列饮品，叫响"可以喝的苹果"地域品牌。

五是实施品牌化营销。深入挖掘"蓬莱海岸苹果"地域特质，先后培育出"欢乐果园""红孩儿"等一系列知名品牌。与上海叶臣公司合作，搭建汇农苹果大数据交易中心。吴林果蔬同深圳百果园深度合作，发展订单农业，实现"苹果未熟已售罄"；抢抓直播带货新风口，培育出"田家四姐妹"等多个网络销售平台。利用区块链技术，给每一个苹果定制一个身份证，实现从田间到舌尖全过程的可溯源，让消费者吃得明白、吃得放心。

三、活化文旅元素，着力构筑产业融合之魂

发掘整合百里海岸、千万游客等优势资源，寻找历史古味道，开发文创新产品，点燃文旅融合新引擎。

一是讲好"老故事"。以"中国现存最长树龄苹果树"认证发布为契机，深挖烟台苹果起源文化，探寻产业发展历程，加强百年古树保护。结合独有的"神仙文化""海上丝绸之路文化"，依托百年苹果园和古建筑，打造苹果文化展示馆。到 2025 年，争取年接待游客突破 100 万人次。

二是开发"新时尚"。引导支持尚乎数码、蓬莱文旅生物等文旅企业，以苹果为载体，研发苹果元素纪念品及苹果面膜、养生饮料系列文创产品，让苹果成为可使用的"文创艺术"、能带走的"蓬莱礼物"。组织开展文化创意大赛，征集"海岸苹果"宣传广告、标语、LOGO 和模型雕塑，设计安装苹果创意雕塑。

三是打好"结合牌"。推进"苹果＋生态旅游"，因地制宜发展鲜果采摘体验游；推进"苹果＋教育研学"，依托烟台乡村振兴学院，举办专家大讲堂、种植能手进课堂，打造中小学生研学实践教育平台；推进"苹果＋民俗节会"，持续举办"仙境苹果王"擂台赛、苹果嘉年华等民俗赛事活动；推进"苹果＋会展"，规划建设苹果产业会展中心，通过举办产业高峰论坛等活动，助力品牌打造，推动产业升级。

莱山区六种模式推动乡村产业振兴

近年来，烟台市莱山区把培育发展农村致富项目作为实施乡村振兴战略的龙头工程，坚持分类施策、因村制宜，多措并举促进农村集体经济由"输血"向"造血"转变，实现街区有典型、村村有项目的良好局面。截至目前，莱山区98%的村拥有至少1个集体产业项目或稳定增收途径，54%的村集体年收入超过50万元，消除集体收入5万元以下的村居。2020年全区农村居民人均可支配收入达25 689元。

▎一、推行"党支部＋合作社"模式，以农村党建引领产业振兴

一是出台《关于实施部门包村"552"工程助力乡村振兴的意见》。80个区直部门指导帮助全区114个村居制定两年发展农村产业规划，从特色高效生态农业、乡村旅游产业、农村电子商务等8大类项目中，找准适合村居发展的产业方向，实现差异化发展。二是出台《关于促进村党支部领办合作社规范发展的意见》。将党组织的政治优势、组织优势与合作社的生产优势、市场优势相结合，由党支部领办合作社，共同组建经济联合体，通过就业劳动、保底分红、股份合作等形式，让农民合理分享合作社增值收益。目前全区有93个村党支部领办合作社或更高层次经济体，实现了涉农街道党支部领办合作社全覆盖。

▎二、推行"财政撬动＋基础配套"模式，以政府资金撬动产业振兴

每年至少安排区级奖补资金2 000万元，对农村致富项目进行奖补。一是对全区涉农资金进行整合，通过捆绑使用、灵活分配，做到集中资源办大事。二是每个街道每年筛选1～3个经济基础薄弱、项目发展态势好的村，

南水桃林村 （常亮摄）

按照不超过项目额 30% 的比例进行重点扶持。三是对各村居盘活现有资源进行引导性奖补，鼓励各村居唤醒沉睡的自然资源及闲置农房等经营性资产。2020 年以来，落实资金 2 600 多万元用于奖补农村集体经济项目 14 个，项目预算总投资达 7 700 万元，建成后每年可增加村集体收入 2 000 余万元。

三、推行"工商资本＋土地流转"模式，以企业资本助推产业振兴

吸引有实力的企业通过土地流转、规模化经营发展农村高效产业，村集体和群众采取土地入股方式获得分红的同时，当地村民被聘为产业工人，还可再获得工资收入。绿叶集团在朱唐夼等 10 个村投资 90 亿元，发展旅游、文化以及关联产业，每年仅村集体土地租赁收入超过 1 200 万元，为农民增加工资收入 1 500 多万元。2020 年以来，全区集中落户农禅谷生态旅游项目、高效生态农业产业融合示范园等 37 个优质项目，总投资超 12 亿元，发展起近郊乡村旅游、生态种植采摘、田园体验等都市高效产业。

四、推行"美丽乡村＋现代农业"模式，以优良生态促动产业振兴

坚持在开发中保护、在保护中建设，打造"既有颜值、又有产值"的美

丽乡村，努力形成"一村一景、一村一韵、一村一业"良好发展模式。凡与产业项目相关的基础设施投入，在不重复奖补的前提下列入产业奖补范围，累计投入资金 1.3 亿元，实施美丽乡村建设"双百工程"，共打造朱柳等 6 个省级生态文明乡村建设先进村、明泉等 6 个省级美丽乡村示范村，对解甲庄、院格庄 2 个街道的 23 个村实施连片治理，实现村庄主街硬化率、城乡环卫一体化率、规模化养殖大棚拆除率等"6 个 100%"。

五、推行"旧村改造 + 开发租赁"模式，以城市开发联动产业振兴

引导北部城区村居农托园区建设、旧村改造等时机，根据其区位、地域等优势，合理开发建设，通过沿街开发、入股分红、收取租金等形式获得稳定收益。将大部分征地拆迁补偿资金，用于风险小、收益稳的项目，实现集体经济稳定增收、滚动发展。对旧改后的商铺、门市房等集体资产，主要用于出租经营，采取沿街开发、发展服务业等方式，持续增加集体收入。在明晰产权的基础上，将闲置或低效使用的房屋、院落、机械设备等集体存量资产，通过依法重组置换、对外租赁、参股经营等方式进行盘活，获取稳定收入。目前，北部 66 个村居均有至少 1 条稳定的增收途径，年租金近 4 000 万元。

六、推行"高校院所 + 实践中心"模式，以科学技术驱动产业振兴

深入推进高校院所与村居之间合作，在院格庄街道设立烟台乡村振兴战略研究院实践中心，开展政策咨询、成果推广、人才培训等服务。截至目前，山东工商学院、鲁东大学等高校院所共与区内 21 个村居建立帮扶联系。其中，鲁东大学在朱唐夼等村建设乡村振兴巾帼行动科技示范园和教学科研基地，推广红肉苹果等项目 15 项，实现直接经济效益 3 500 多万元。

"一体两翼"抓大产业四轮齐驱做强品牌 福山区把大樱桃打造成乡村振兴的 第一产业引擎

福山区位于胶东半岛东北部，地处北纬 37 度黄金纬度带，四季明显，阳光充足，低山丘陵，海风滋润，拥有天然的高钙砂壤土质，土层富含钙、铁、磷、钾等元素，是全球为数不多的大樱桃黄金产区之一。自 1871 年，美国传教士倪维斯将第一株大樱桃树引入烟台，福山大樱桃已经有 150 年的栽培历史。在发展过程中，坚持实施"一体两翼"的战略思路，即以适度规模化经营为主体，以科技引领和品牌打造为两翼，努力实现政府、协会、基地和市场四轮齐驱联动，不断抓大产业，做强品牌，真正把大樱桃打造成了乡村振兴的第一产业引擎。

一、着力培育产业规模，快速造就主体优势

20 世纪 90 年代，福山苹果陷入低迷、优势不再。区委区政府对福山区自然资源优势进行深入分析，重新确定了以大樱桃作为新的主导产业的发展思路，努力把自然禀赋优势转化为产业发展优势，先后多次出台扶持政策，通过宣传引导、奖补激励、免费苗木、技术服务等一系列措施，把产业发展方向和农民的积极性迅速引导到大樱桃上来，仅用十几年时间，全区大樱桃种植规模已经突破 10 万亩。

随着大樱桃产业规模的迅速扩大，在发展实践中发现，现有的以农户为主体的分散经营模式还只是产业发展的初级阶段，很难形成统一的规模经营优势。为此，2016 年，区政府在广泛调研的基础上，把扶持适度规模化经营

作为新的着力点，制定并出台了《关于扶持大樱桃规模化经营的意见》，区级财政每年安排500万元以上专项资金，对通过土地流转、承包经营、联合开发等方式，新发展或进行老残果园改造达到10亩以上规模的，每亩分别给予3 000元和2 000元的扶持，对于发展设施栽培的每亩给予20 000元扶持，同时，对于采取新技术的已明确了相应的奖励标准。扶持政策一定三年，连续奖补，为福山大樱桃产业强势崛起提供了强有力的政策支持。通过扶持，三年累计发展设施栽培1 000多亩，新植园3 500亩。到目前，全区大樱桃种植面积稳定在11万亩，其中设施栽培达到2 000亩，主要栽培品种有红灯、先锋、美早、拉宾斯、萨米脱、红蜜、艳阳、雷尼等几十个，年总产量超过8万吨，产值突破10亿元。

二、持续强化科技支撑，保持产业发展动力

福山区在大樱桃悠久的栽培历史进程中，探索总结了大樱桃先进的管理技术，在全国率先成功应用大樱桃设施栽培，相继制定了《大樱桃栽培技术规程》《福山区无公害大樱桃栽培技术操作规程》《福山大樱桃地理标志使用办法》等一系列指导性文件。

为了始终保持大樱桃产业的科技领先优势，区委区政府把科技研究与技术推广服务作为重要的工作抓手，确保福山区大樱桃产业始终保持技术优势。全区先后实施了一系列科研项目和科技计划，主要包括：国家级大樱桃标准化示范区建设项目，山东省菜果茶标准化创建项目，山东省甜樱桃优质高效栽培技术推广项目，农业农村部大樱桃病虫害绿色防控及蜜蜂授粉试验项目等。为了将科研成果尽快转化为生产力，自2013年起，福山区结合生产中的实际问题进行了积极探索和深入研究，与北京市林业果树科学研究院合作，先后建立了福山区大樱桃科研中心和大樱桃育苗基地两个顶级专家基地，聘请北京市林业果树科学研究院副院长、中国园艺学会樱桃分会会长、中国首席大樱桃专家张开春担任技术顾问，广泛开展大樱桃最先进技术研究、孵化和推广工作，使福山大樱桃产业始终保持了全国科技领先优势。

2017 年，福山区再次出手，与北京市林业果树科学研究院、烟台市农业科学研究院签订了三方合作协议，成功运行中国福山大樱桃博士科学试验站。这是中国第一家专业开展大樱桃最前沿科技课题攻关、孵化、推广的科研中心，对增强我国大樱桃科技创新能力，扩大产业规模，具有重要的推动作用。试验站年均开展大樱桃课题研究和引进新品种 5 个以上，为大樱桃产业发展提供了源源不断的新动能。

三、突出品牌带动效应，集聚市场竞争优势

品牌决定着市场话语权和发展主动权。为全面整合福山大樱桃品牌资源，着力提升福山大樱桃品牌形象，2015 年福山区启动实施了福山大樱桃品牌战略，对"福山大樱桃"进行全方位品牌发掘整理、包装设计和营销策划，编制完成了"福山大樱桃"区域公用品牌发展规划，别具特色地创塑了"福山大樱桃 good"的品牌标识，提出了"福山大樱桃，个个不用挑"的宣传口号，启动了福山大樱桃品牌管理的综合信息平台——"樱桃汇"和福山大樱桃自媒体（公众号、微博）。同时，在广泛考察的基础上，每年筛选出部分大樱桃销售企业和标准化生产基地，进行授信经营，通过搭建福山大樱桃质量监管追溯平台，实行最严格的政府授信条件和市场监管办法，积极推动大樱桃产业供给侧结构性改革，不断优化大樱桃供应链服务，努力实现福山大樱桃"好产品""好营销""好口碑""好品牌""好效益"的良性循环和多方共赢。其中，2020 年完成授信 18 家大樱桃销售企业和生产基地。

为更好地贯彻落实福山大樱桃品牌战略，自 2016 年起，福山区连续举办或承办了 5 期全国性的大樱桃会议，不断巩固和扩大福山大樱桃在全国的优势地位和品牌影响力。同时，福山区积极走出去，多次参加各地举办的全国大樱桃会议，宣传推介福山大樱桃。其中连续五年在中国樱商大会上代表山东省大樱桃产区作典型发言。

2020 年，是福山大樱桃的"品牌推广年"。福山区在烟台汽车总站设置巨幅标语广告牌、在 8 辆大巴车绘制车体广告；制作福山大樱桃宣传短片《樱

桃花开时》，于 5 月 10 日进行了全网发布；5 月 16 日、18 日，区政府分管副区长两次走进直播间，通过网络直播带货的方式为福山大樱桃代言，共计售出 3 万多斤大樱桃。参加中国樱商大会和亚洲果蔬产业博览会，对福山大樱桃品牌进行宣传推广，提高福山大樱桃的市场竞争力。

四、线上线下同步发力，全力拓宽销售渠道

福山大樱桃销售采取线上线下两种销售模式。线下，全区共建设 30 多个专业批发市场，年交易量近 4 万吨，销售额超过 5 亿元，是全国最大的大樱桃集散地之一，也是最早使用大樱桃预冷设备和选果机等先进采后处理设备的地区。张格庄大樱桃交易市场是全国最大的大樱桃批发市场。同时，福山区与中国优质农产品开发服务协会、亚果会等营销集团签署战略合作协议，在全国 20 多个大中城市设立了大樱桃专卖销售网点 40 多个，建立了稳定的供销合作关系，产品畅销全国各地。

福山区大樱桃喜获丰收 (烟台市农业农村局供图)

　　线上，福山区借助"互联网＋"的新模式，大力发展农产品电商产业，成立了福山区农产品电子商务协会。2015 年又与阿里巴巴集团合作实施"千县万村"农村淘宝项目，建立福山阿里巴巴村淘服务中心，成立了"福樱天下"农村淘宝团队，共发展 60 家农村电商服务站，让福山大樱桃乘上了电商的"高速列车"。福山大樱桃年均电商销售额在 2 亿元以上。

　　通过连续发力，福山大樱桃建设成效显著。全区大樱桃商标注册 35 个，"三品认证"达 40 个，认证基地达到 20 个，面积 2.5 万亩。成功注册了"福山大樱桃"地理标志商标，获得农业农村部"国家农产品地理标志登记"。先后被授予"中国大樱桃之乡""国家级大樱桃标准化示范区""中国优质大樱桃基地重点区""中国樱桃产业最具国际竞争力十强区""中国特色农产品优势区"等荣誉称号，福山区的张格庄镇被授予"中国大樱桃第一镇"荣誉称号。2019 年，福山区成功申创省级现代农业产业园，获评年度"全国优秀农产品区域公用品牌"称号；2020 年，福山大樱桃区域公用品牌入选《中国品牌果品地图——中国优质果品采购和消费指南》（第一辑），品牌价值达到 21.48 亿元，充分展现了在全国的领跑地位，福山大樱桃正以勃勃生机推动福山乡村振兴阔步前行。

立足生态优势　打造昆嵛样板

昆嵛山保护区积极发挥生态优势，全力践行十九大精神与习近平新时代中国特色社会主义思想，按照"产业兴旺、生态宜居、乡风文明、治理有效、生活富裕"的总要求，深入推进"生态昆嵛、美丽乡村"样板示范片建设，聚力打造乡村振兴的"昆嵛样本"，努力实现"农民更富、农村更美、农业更强、发展更活"的发展目标。

一、探索生态资源转化路径，提升生态产业化发展水平

借势昆嵛山保护区秀丽风光，发展以特色农业产业、美丽村庄为支撑的乡村民宿新业态。持续五年安排专项资金奖补扶持特色生态农业发展，累计扶持项目547个，发放奖补资金924万元。注册昆嵛农林产品商标20余个，扶持壮大生态农业示范企业、合作社、种植大户30余家，昆嵛金米银米、金果雪果等昆嵛特色农产品以限量版高品质优势受到市场热烈欢迎，"昆之阳"蜂蜜、"烟薯25"地瓜干、"昆嵛诗海"茶叶3种特色商品纳入烟台市特色旅游商品名录。与中国人与生物圈国家委员会秘书处对接，对昆嵛山特色农产品进行原产地认证，2020年12月中国生物圈保护区网络（CBRN）第22届大会在烟台召开，将昆嵛山保护区农产品纳入人与生物圈保护区特色农产品销售网络。

积极挖掘昆嵛特色农耕文化，开展"昆嵛传统农耕文化体验游"活动，让农民走"旅游路"、吃"旅游饭"、挣"旅游钱"。乡村旅游产业，推出自然教育、农事体验、红色教育3个类别研学旅行产品，成功打造了森林探秘、胶东记忆、小小李时珍等成熟特色线路，《仙山圣境红色摇篮》获评全省首批研学旅行示范课程，昆嵛山正逐步成为中国北方重要的自然教育基地。匡内

知名民宿企业山东不负文旅公司"那蓝·昆嵛山设计师民宿"项目正式落户昆嵛山，致力打造既有网红气质又经典耐久的精品民宿，示范引领昆嵛山乡村旅游产业高质量发展。投资 500 万元的德孝堂养生养老项目即将完工，投资 500 万元的西殿后、军石民宿项目初具规模。

▌ 二、引领生态宜居发展方向，促进人与自然和谐共处

昆嵛山保护区积极立足昆嵛山保护区特有的生态优势，深入推进人居环境整治工作，营造生态宜居的农民生产和生活空间，全力打造生态振兴的昆嵛样板。

一是持续改善农村人居环境。常态化开展农村人居环境专项整治，推行生产生活垃圾日产日清处理模式，实施有毒有害垃圾有奖回收机制，每月开展"昆嵛清洁日"活动，全力改善农村环境面貌，年均清运生活垃圾 3 000 余吨、建筑垃圾 6 000 余立方米、回收废弃反光膜 10 余吨。完成废弃矿山地质环境治理、地质遗迹保护工程 30 处。坚持适地适树，实施撂荒地绿化 180 亩。

二是推动农村基础设施提档升级。整合各类涉农资金近 1 亿元用于农村基础设施提升，开展了美丽乡村样板示范片建设、齐鲁样板示范区建设、农村饮水安全工程建设、"双百工程"项目建设、小型水库除险加固工程、农村客运站点建设、俚李公路绿化提档升级、"四好农村路"建设、农村"户户通"、省级美丽乡村示范村建设等系列工程；目前已建成省级美丽乡村示范村 4 个，完成 1 762 户旱厕改造，完成 5 个村庄生活污水治理，保护区 300 户以上自然村公厕普及率达到 100%，确定"美丽庭院"示范村 5 个、示范户 305 户。

三是以美为韵抓好美丽乡村建设。以美丽乡村标准化建设为统领，按照"看得见山、望得见水、留得住乡愁"思路，积极推进省级美丽乡村示范村，民俗文化村后续建设，扎实做好乡村连片治理等示范工程的后期管护，稳步推进农村违建拆除，实现美丽乡村建设的区域化推进。倾心保护河漫滩，支持河溪在自由奔流中完成水资源再分配。深入开展"昆嵛清洁日"和"主题党日"活动，促使保护生态、爱护环境成为广大农民的自觉行动、生活准则。

昆嵛春色（烟台市农业农村局供图）

三、立足生态优势，深入推进样板示范片建设

"生态昆嵛、美丽乡村"样板示范片共涉及昆嵛山保护区昆嵛镇东殿后村、西殿后村、金沙夼村、桃园村、军石村等5个村，覆盖人口751户、2 085人，示范片主要分布在昆嵛山保护区工委、管委驻地周边，毗邻省道俚李线及昆嵛山烟霞洞、石门里、九龙池三大景区，发展潜力巨大。昆嵛山保护区积极立足特有的生态优势，深入推进"生态昆嵛、美丽乡村"样板示范片建设，全力打造乡村振兴的昆嵛样板。

一是深入推进产业发展。示范片内各村以党支部领办合作社为载体，在保护区生态农业政策和乡村旅游政策的引领下，发展特色生态农业种植及"林家乐"旅游，大力发展"烟薯25"地瓜、小杂粮、干杂果种植，流转土地 30 亩建成榛子种植示范园 1 处，建成"烟薯 25"地瓜种植基地 2 处，小杂粮种植基地 1 处，在军石村以将军石旅游开发公司为依托，发展集研学、游玩、农事体验为一体的军石乡村旅游项目，以桃园生态旅游示范村为载体，发展"林家乐"乡村旅游，打造"昆嵛林家"乡村旅游产品。同时依托昆嵛山特有的生态资源优势，大力发展康养、民宿项目，投资 500 万元的东殿后村德孝堂养老项目一期工程已经全面开工，项目建成后年可实现村集体收入 30 余万元。西殿后村投资 500 万元的民宿项目，已经开始进行装修。

二是持续抓好基础设施建设。近年来先后投入各类资金 2 000 余万元，开展了道路硬化、亮化、农田水利基础设施、"户户通"等工程建设，示范片内主干道路硬化完成率达到 90% 以上，已有 3 个村完成农村污水处理改造工程，完成农村改厕 226 户，建成美丽庭院示范户 51 户，1 个村开展了垃圾分类试点。依托示范片建设持续深入推进农村人居环境整治工作，已累计整改各类问题 200 余个，农村人居环境整治水平得到显著提升。先后在东殿后村、西殿后村组织开展了省级美丽乡村示范村建设，持续强化示范引领作用。

三是深入推进乡村治理工作。示范片内村庄已经全部成立红白理事会。加强乡村自治建设，健全村级工作运行机制，引导村民充分发挥村民自治章程、村规民约以及村务监督等在村民自治中的作用，使他们成为农村法治建设和协商民主建设的重要载体。敦促基层认真落实"四议两公开"工作法要求，实现群众在党组织领导下进行自我管理、自我教育、自我服务和自我监督。

长岛综合试验区大力推进生态渔业发展

2020 年长岛围绕省市推进综合试验区建设的目标定位，突出海岛特色，着力在产业振兴、人才振兴、文化振兴、生态振兴、组织振兴等五个方面，细化工作举措、努力探索创新，各项工作取得了明显成效。其中产业振兴方面，因地适宜发展生态渔业，大力推进渔业振兴。全年农林牧渔业增加值529 153 万元，比上年增长 1.1%。其中渔业增加值 477 401 万元，比上年增长 8.5%；农林牧渔服务业增加值 51 030 万元，比上年减少 27.9%。初步形成了海洋牧场建设"全国看山东、山东看烟台、烟台看长岛"的格局。北长山乡获评全国农业产业强镇，北城村获评全省首批乡村振兴示范村。

▌ 一、长岛生态渔业发展基础条件

长岛综合试验区立足资源优势，大力实施渔业振兴战略，渔业总体发展比较平稳，围绕渔业供给侧结构性改革，持续强化海洋牧场建设、海域生态修复、渔业科技支撑，不断壮大综合实力，渔业信息化、装备化、标准化、品牌化、科技化水平进一步提升。长岛综合试验区生态渔业发展潜力巨大、空间广阔，海岛岸线长 187.8 公里，养殖水域滩涂面积 4 261.1 平方公里，拥有国家级水产种质资源保护区 2 个、省级 6 个，总面积 16.5 万亩，包括皱纹盘鲍、光棘球海胆、许氏平鲉、刺参、栉孔扇贝和魁蚶 6 个品种。每年增殖放流各种鱼类、贝类达 200 万单位以上。创建水产品地理证明商标 6 个，省著名商标 2 个，无公害产地 27 家、产品 50 个，面积达 1.3 万公顷。截至2020 年年底，全区水产品总产量 18.2 万吨，同比增长 5%；总产值 13.6 亿元，同比增长 11%；全区捕捞产量由 2015 年的 73 313 吨压减至 2019 年 33 856

吨，缩减至半数以上。

二、主要做法和成效

（一）坚持规划引领，引导渔业科学发展

围绕渔业养殖生产，发布了《长岛县养殖水域滩涂规划（2018—2030年)》《长岛海洋渔业发展规划》，完成了《长岛海洋资源环境本底调查与评估报告》，开展了长岛海流调查、大黑山岛西部海域本底调查和庙岛湾贝类养殖承载力调查等基础调查项目，为科学规划布局，优化养殖水域滩涂空间资源配置，水产品养殖的科学、协调、有序发展提供保障；围绕海洋牧场建设，发布了《长岛海洋牧场建设规划》《长岛海洋牧场建设管理办法》，制定了《关于进一步提高长岛综合试验区海域使用规范化管理水平的实施意见》，通过完善牧场制度管理，提供规划指导，提升空置成本等措施，引导牧场企业向深耕细作、合理开发、高效用海的高质量发展模式转化。

（二）坚持产研融合，促进渔业提质增效

第一，在养殖技术指导上，先后与青岛海洋生物医药研究院、鲁东大学、中国水产科学院黄海水产研究所和国家海洋局第一海洋研究所签订了战略合作协议，在海洋生态保护修复、海岛海岸带管理和生态渔业建设等方面开展全面的合作，充分借助渔业科技特派员派驻机制，开展了渔业科技精准对接，推动了"海生·长岛"项目落地生根，为基层养殖提供科技、人才、技术服务。第二，在养殖品种选择上，以多品种混养为重点，发挥当地品种优势，积极引进新的高产、高效养殖品种。结合长岛综合试验区海域环境，先后引进了东方系列、荣科系列、蓬莱海益、大连大板等海带新品种，使海带良种覆盖率逐年提高到 80%；引进羊栖菜、紫菜、鲈鱼、三倍体牡蛎、牙鲆、圆斑星鲽等适合长岛综合试验区海域生长的品种开展养殖示范推广，改善长岛综合试验区渔业产业品种单一、种质老化问题，实现养殖品种的多元化、良种化。第三，在养殖培育过程中，更加注重发挥牧场示范区带头作用，指导相关牧场企业加快黑鲪鱼、鲈鱼远近海分段接力养殖新模式探索，搭建"企业＋合作社＋渔户"的合作模式。南隍

城乡、大钦岛乡与烟台经海公司签订了近 150 万尾大规格黑鲉鱼苗采购协议，引导弘祥海洋牧场依托"长鲸一号"智能网箱基础设施，与周边养殖渔户合作，签订幼鱼供应合同，开展接力养殖，带动长岛综合试验区渔民致富。

（三）坚持一三产业结合，推动海洋牧场快速发展

第一，积极鼓励海洋牧场装备化建设，推动牧场走向深远海。截至 2020 年，全区累计确权海洋牧场用海 95 宗 27.1 万亩，获批国家级海洋牧场 4 处，省级海洋牧场 6 处，下水多功能海上平台 5 座，累计投放各类人工鱼礁约 78 万空立方米，辐射海域面积约 6 700 公顷，长岛综合试验区海洋牧场建设继续走在省市前列。南隍城国鲍 1 号深水智能大网箱、天安蓝鲸 1 号深水智能网箱、银礁海洋牧场大围网、天顺海洋牧场休闲渔业多功能平台也将相继投入使用。从"长鲸 1 号"网箱养殖的 50 万尾黑鱼苗、"长渔 1 号"试养的 12.5 万尾鲈鱼苗来看，深海网箱养殖不仅长势良好，其生长速度、成活率以及品质也都要优于近岸网箱养殖。

第二，加快完善海洋牧场配套设施建设，加快海上休闲产业发展。截至 2020 年年底，共建设启用 14 处休闲渔业出海口，获批 8 处省级休闲海钓钓场和 11 处市级休闲渔业基地，建设休闲渔业船舶 9 艘，海钓船 28 艘。以弘祥、佳益为代表的海洋牧场，依托"多功能平台＋网箱"的装备组合，配套海上码头、垂钓平台、休闲海钓船等基础配套设施，打造集"休闲娱乐＋渔业养殖"为一体的新型牧场综合体，为海洋牧场综合发展提供样板。

第三，加大财政金融手段支持力度，引导休闲旅游稳步发展。依托优良的生态环境，全力发展海岛旅游业。以"渔家乐·民宿"提升为发力点，编制专项发展规划，印发提升行动三年计划实施方案，设立每年不少于 200 万元专项资金，助力示范户改造提升。首批提升后的示范户入住率提高 31.6%，平均入住率达到 99.1%。长岛荣膺"中国最佳生态旅游目的地"称号，品牌的知名度和影响力进一步提升。积极与省农业担保公司和区内各大银行对接，争取贴息贷款政策，"渔家乐·民宿"业户贷款利息低至 1.975%，目前已审

满载而归的渔民 （常亮摄）

批通过 118 户经营业户申请，发放贷款 5 123 万元。重新修订《"渔家乐·民宿"管理办法》，明确各部门、单位相关责任，规范"渔家乐·民宿"管理；制定《"渔家乐·民宿"经营与服务规范》，将对从业者的基础设施和服务能力进行评定，按照不同档次评星定级。成功举办了"2020 长岛·北方海岛音乐节"，打造了海岛节庆旅游的音乐名片。2020 年 12 月，成功获评国家级全域旅游示范区。

（四）坚持生态优先，确保海洋生态持续提质扩面

一方面，对传统养殖区域做"减法"。暂停了小散乱海洋牧场批复，加快推进岸线修复和近岸养殖腾退，完成岸线整治 30 公里，清除近岸密集筏式养殖和杂乱小型网箱海域 1.46 万亩，清理白色泡沫浮球约 3 万个，黑色塑料浮球约 1 500 万个，拆解渔船 176 艘，压减比例达 37.3%。另一方面，对生态修复做"加法"。全面实施"放鱼养水"工程，增殖放流各种恋礁鱼苗 1 083 万尾、增殖铜藻等海底藻类 9.1 万株 2.3 万多亩，构建了"海底森林绿色长廊"。通过整治修复，长岛海域生态环境显著改善，潮间带生态得到有效修复，鲍鱼等野生海珍品、渤海刀鱼等传统鱼类资源不同程度出现恢复，各类生物资源数量也在逐年提高。

三、长岛生态渔业发展方向

长岛生态渔业经过多年发展形成了良好的产业基础和发展规模，渔业产业化发展水平也有了一定提高。但也需要清醒地看到，渔业产业化推进过程中，仍有一些问题需要引起重视：一是产业主体仍停留在分散、小型、群众化层面，没有大的龙头企业，没有过硬品牌，抗风险能力差，与真正的产业化发展要求还有很大的差距。二是渔业基础设施、产品加工流水线等方面投入不足，大部分还是停留在简单的粗加工层次，出口仍以原材料为主，产品缺乏竞争力。三是全区科技服务网络不畅，基层科技管理工作职能弱化，不被重视，导致专业科技人才储备不足，难以为渔户提供有效的技术指导服务。目前来看，实现海洋经济高质量发展，是一项系统工程，任重道远。我们必须紧紧结合实际，从多个方面入手，系统设计和协同推进。

（一）优化发展生态渔业

结合海域承载力调查成果，做好"增"与"减"这篇文章，合理调整养殖结构。加快近岸养殖腾退力度，合理调整贝类养殖密度较大地区规模，推行藻类养殖，实施贝藻兼养，严格控制兼养比例，持续扩大增殖放流、人工鱼礁规模；鼓励外海区开发，加大深海网箱养鱼比重，吸引更多的社会资本投向海洋牧场建设，不断提升建设水平和档次，以此引领生态渔业发展。

（二）持续搭建产学研平台

继续深化与山东省海洋资源与环境研究院等科研院所的合作，鼓励扶持产学研合作，引进外部力量服务全区生态渔业产业化发展，搭建科企精准对接平台，开展渔业科技精准对接，指导推广半湾生态养殖、驯化鱼苗和复合饵料网箱养鱼等科学养殖模式，做好海带、紫菜、羊栖菜、牡蛎、人工驯化黑鱼、黄条鰤陆海接力养殖等养殖新品种、新技术的示范推广，重点在水产优良品种选育、养殖病害防治、生态养殖探索等方面做好研究和技术推广，着力解决养殖品种单一制约；抓好渔业科技人员培养，针对长岛综合试验区渔业发展需要，通过送出去学、引进来教等方式，积极引进培养一批立足本地的科技人才，为渔业发展提供有力支撑。

（三）加快发展装备化建设

加快海洋牧场装备升级改造，以推进发展深远海洋牧场为重点，立足现有产业基础，加深与中集来福士等企业合作，大力研发自动化、智能化、适应长岛海域的先进渔业装备，逐步推进近岸渔业向离岸深水发展，推动传统渔业向现代生态渔业转变，生产方式向智能化、信息化、装备化转型，打造一批成熟的、符合现代生产需要的牧场企业。继续加大以海上游钓为主的休闲渔业培育力度，加快开发渔区观光、渔事体验、休闲垂钓等休闲渔业项目，积极探索海洋牧场与休闲渔业结合经营模式，快速提升休闲渔业装备，推动渔业与文化、旅游、科普融合发展，实现传统渔业向现代渔业转型升级。

（四）加快带动品牌化引领

切实做好品牌培育、品牌创建、品牌运作这篇文章，加强国家水产品地理标志保护利用，打响以长岛海参为代表的海珍品品牌，发挥品牌带动效应。推进水产品质量安全监管体系建设。继续加强水产品质量监管体系和机制建设，强化水产品质量安全监督抽查和风险监测；严厉查处养殖环节使用违禁渔药和饲料添加剂及药物残留超标行为，不断完善水产品质量安全可追溯体系；稳步推进"三品一标"认证工作，完善"产地准出"等制度；引导渔业企业、专业合作组织围绕栉孔扇贝、海带、鲍鱼等优势品种，开展无公害认证，推动品牌建设和推广，扩大品牌影响力，打响一批水产知名品牌。

（五）逐步提升组织化水平

加强对现代海洋渔业建设工作的组织领导，进一步完善海洋管理体制机制，优化海洋管理协调机构。采取"企业＋基地＋渔户"等多种模式，发挥渔业专业合作社带头作用，引进扶持一批实力企业，推动分散经营转向抱团发展，提高渔业组织化程度和抵御市场风险的能力，带动渔业增效、渔民增收。加快海洋资源整合，在积极争取上级财政支持的同时，畅通投资渠道，加大对海洋渔业基础设施和技术装备建设的投入，逐步有序清理"僵尸牧场"，有序推进陆基和近岸养殖设施腾迁退出，加快研究实施海域流转政策，积极推动资金、海域、资源向实力企业、龙头企业聚合，发挥带动作用，做大做强海洋经济。

（六）大力发展休闲渔业

推广"渔业＋旅游"模式，开发渔区观光、渔事体验、科普教育等休闲渔业项目。大力发展海洋游钓业，支持重点企业建立规模化、规范化的海钓俱乐部或海钓基地。统筹推进投放新型礁、放流恋礁鱼、建造标准船、美化海岸线、提供餐饮救助等工程建设。积极培育科普、研学等旅游新业态，开发推广海洋牧场、海防军事夏令营等旅游产品。大力发展海钓、岛钓旅游，打造中国北方知名的休闲垂钓目的地。推动"渔家乐"改造升级、集群化发展，打造精品民宿。

海阳市国家级农村综合改革试点经验

烟台海阳市以国家级农村综合改革试点为契机，从拓宽集体经济发展渠道、强化基层组织建设、培养新型职业农民、建设生态文明乡村等方面切入，统筹推进农村综合改革，以深化改革推动乡村振兴，农民群众的幸福感、获得感不断增加。

一、以乡村产业振兴为支撑，带动农民多渠道增收

将农村集体产权制度改革作为推动集体经济发展的重要举措，在深入推进农村集体产权制度改革的基础上，构建"归属清晰、权能完整、流转顺畅、保护严格"的农村集体产权制度，确定了村集体经济发展方向，不断探索农业发展的新形式新途径。一是村企合作。西古现村在农企合作、农超对接、农社联合方面探索创新，与山东伟丽种苗公司达成农业种植合作协议，伟丽公司提供技术指导、种苗和销售帮扶，打通农业生产的价值链、提升了附加值，靠"卖得好"带动"种得更好"，实现了村企共赢、农民增收。二是农产融合。向阳村依托现有草莓种植产业优势，成立"村社一体"合作社，通过股份改造模式，建设集种植、采摘、储藏、加工、销售为一体的规模化草莓深加工产业链。同时与烟台市宏顺有限责任公司签订保护价格协议，每年纯收益按村集体、合作社、入股农民 4∶4∶2 的比例进行分红。2018 年，合作社收入 40 余万元，村集体增收 16 万元，入社农户每亩收益 1 200 余元。三是城乡联动。西张家庄村依托毗邻"碧桂园"高消费群体优势，利用城乡交界优势打造"农业体验园"项目，建立农业体验综合服务中心，引入农业生态学、温室系统等新技术打造定制生态循环农业，重点打造农产品定制、田园旅游、生态体验等项目，形成了独特的城乡田园风光景区，将农民职业

有前景、农业发展有奔头、农村生活更美好的愿景变为现实。四是文旅协同。战场泊村放大"许世友将军在胶东纪念馆"所在地、八路军胶东军区机关旧址等优势，依托厚重的红色文化打造集革命传统教育、党性教育、红色旅游教育、青少年教育等于一体的综合教育基地，成为胶东地区最具代表性的"胶东红色文化体验村"。山东村强化"经营山水、经营文化"理念，依托优良的旅游资源、厚重的人文历史，成立村集体旅游公司，流转百年古梨园200亩，租赁民居32套，重点打造明清民宿群，发展旅游度假、休闲观光、乡村民宿等新业态，举办山东村古梨园文化采摘节，打造美丽经济产业带。山东村与战场泊村的串连打造、差异化营销，初步形成了抱团发展的农村区域旅游新格局。

二、以基层党组织建设为统领，推动乡村治理优化升级

以村为点、以镇为面，建立党建示范中心，传承红色基因，弘扬红色文化，提升基层党组织为民服务意识，不断增强村"两委"的凝聚力、号召力。一是建立农村干部管理体系。制定农村党支部书记规范化管理办法，建立村党支部书记后备人才库，储备村级发展力量。实施"一对一"帮带制度，跟踪培养、动态调整。组织党支部书记参加浙江大学、深圳大学培训班，提高农村"带头人"的素质能力。二是完善农村党员管理体系。为创新党员教育管理，搭建服务党员平台，开展"双联双诺"党群连心活动，提高党员队伍建设管理水平。三是创建农村党建管理体系。按照党支部"六个一"建设标准，着力抓好乡村党建示范区建设。制定了党支部堡垒指数星级评定办法，对党支部进行星级验收评定、动态调整、晋位升级，实现党支部工作标准化、规范化。四是建立完善村民议事制度体系。建立完善村务监督委员会，以及人民调解、治安保卫、公共卫生等委员会和配套组织，加强对村务决策、执行、公开情况的监督，保障村民管理村事的合法权益。实行"四议两公开"和"一事一议"工作方法，建立具有村级决策协调议事性质的村民会议和村民代表会议制度，将村经济社会发展规划、村规民约、集体资产处置、公益事业建设筹资、土地征收、农村低保、村务公开等重大事项纳入议事范畴，

实施全过程监督，群众的法律意识不断提高，乡村治理机制进一步完善，农村发展更加和谐、安定。

三、以培养高素质农民为抓手，助力基层创新创业

发挥农民在农业农村改革发展中的主力军作用，着力培育高素质农民，推动传统农民向现代职业农民转变，不断激发农民群众的创新创业能力。一是创办新型农民教育培训机构。有针对性地培育试点镇村技术人员、农业科技示范主体以及村级服务站点负责人，提高基层农技推广服务水平。南邵家村、西张家庄村、大山所村、战场泊村、山东村等试点村成立了"新型职业农民培训学校"，定期邀请山东工商学院、中国农业大学的专家到村里开展农村电子商务培训。开通网上销售平台，拓宽农产品网上销售渠道，有效激发了农民创新创业、勤劳致富的内生动力。二是发掘培育乡村人才。鼓励和支持农民自主创业、大学生返乡创业。山东村的支部书记原在北京发展，为加

郭城镇山东村的百年古梨园 (海阳市农业农村局供图)

快家乡改革发展，回村担任党支部书记，带领群众深挖民俗资源潜力，开发乡村旅游，为乡村发展注入了新活力。三是打造区域标准化品牌。依靠乡村人才技术能手，打造"郭城夹河""辛安当日鲜"等区域公用品牌，提高了以苹果、梨、核桃、板栗、小黄米等为代表的郭城镇特色农产品，及以草莓、桑葚、桃、海产品为代表的辛安镇特色农产品的知名度和市场认可度，实现了农产品溢价。

▌ 四、以打造生态文明乡村为依托，建设幸福和谐家园

2016 年，海阳市制定了美丽乡村"三年完成 80%、五年实现全覆盖"的目标任务。目前，试点村全部完成美丽乡村打造。一是持续改善人居环境。按照"村收集、镇运输、市处理"的垃圾清运处理模式，健全完善镇村两级硬件配备、环卫队伍，确保垃圾日产日清。试点村均优化了农村保洁员队伍，完善了农村垃圾一体化处理工作机制。二是推进美丽乡村标准化升级。坚持一村一策，以保留村庄本色、打造亮点为原则，加大资金投入，推进美丽乡村改造升级，保留保护古树、古屋等特色资源，加强基础设施建设，促进传统村落、自然风貌、文化保护、生态宜居相融相生。三是塑造独具韵味的乡风文明。积极搭建村级文化平台，开展海阳大秧歌、广场舞和螳螂拳等特色文体活动，依托农民大讲堂开展形式多样、生动活泼的宣传教育，推进移风易俗，倡导文明乡风、良好家风、淳朴民风。

释放股权贷金融活力　助力乡村振兴发展

——海阳市农村集体资产股权质押贷款省级试点开展情况报告

海阳市紧抓农村集体资产股权质押贷款省级试点机遇，进一步落实中央要求的赋予农民更多财产权利的指示要求，让农民享受改革红利的这一重要改革举措。通过先行先试、大胆探索、完善配套制度、创新服务模式，为乡村振兴引入一泓"金融活水"。

一、抢抓机遇、先行先试，释放金融活力

按照"创新机制、构建平台、释放活力、促进融资"的试点思路，立足资源变资产、资金变股金、农民变股东的"三变改革"，勇于破解融资贵、融资难、融资面窄的"三道难题"，探索出一条发展村级集体经济和增加农民财产性收入的"输氧供血"新路子。目前，全市 11 个镇街区开展股权质押贷款，按照"股权贷＋信用贷"的"二合一"贷款模式，累计落实贷款 116 笔、金额 1 320 万元，实现了农民手中"沉睡"股权变为现实经济发展引擎。2020 年 5 月 15 日，海阳市在省农业农村厅、省财政厅召开的全省农村集体产权制度改革试点工作座谈会上，围绕与农业银行、农商银行和邮政储蓄银行构建股权质押贷款会商机制等方面进行了典型发言。

二、因地制宜、综合施策，探索改革路线图

（一）强化领导部署，健全制度体系

海阳市将农村集体资产股权质押贷款试点工作列入全市"双重点"改革

任务，成立以市级领导为组长，农业农村局、财政局、金融中心、人民银行、保险公司等部门组成的农村产权融资省级试点工作领导小组，建立联席会议制度，定期召开专题会议。高标准制定试点实施方案，积极创设改革目标、推进步骤、实施细则"三项举措"，相继出台《海阳市农村集体经济组织管理办法》《海阳市农村集体资产股权质押登记管理办法》《海阳市农村集体资产股权评估指导意见》等多个管理细则和实施办法，确保每一项工作推进都有规可依、有章可循。

（二）坚持"好学不倦"，对外"取经问道"

海阳市不等不靠，迎难而上，创造性地提出了"西取邹城经验、南学天长模式"的工作思路，虚心向省内外国家级试点单位广泛学习借鉴。2018 年以来组织市镇经管干部、试点镇村干部 60 多人次，到邹城市、沂水县、博兴县和平度市开展了观摩"问道"，远赴安徽省天长市虚心学习"取经"，从产权交易平台建设、部门联席会议组建和风险防控机制构建等各方面进行了广泛细致的调研观摩。通过研究论证、借鉴消化和自我创新，在初步确定试点镇、村和试点内容的基础上，因地制宜打造出一系列符合海阳实际的农村集体资产股权质押贷款试点（下文简称"股权贷"）的"行动指南"：①农户到指定银行提出申请；②签订借款合同、质押合同、质押清单；③质押人、质押权人到农交中心办理质押登记；④出具农村产权质押他项权证并在平台公示；⑤农户持质押他项权证到指定银行办理贷款业务。

（三）转化"产改"成果，发挥示范引领

海阳市 2017 年试点开展农村集体产权制度改革工作，2018 年确定了 4 镇 10 村为试点区域，选取自主创新权限较宽、熟悉本地情况的农商银行、邮储银行和农业银行作为试点银行，开展集体股权质押、个人股权质押两类业务，全市"股权贷"试点工作全面推进。2019 年全部完成清产核资与登记赋码工作，创办农村集体经济股份合作社 720 个，圆满完成产改任务，核实农村账面资产总额 28.76 亿元（经营性资产 11.52 亿元，量化经营性资产 0.51 亿元），为"股权贷"试点打下良好基础。

（四）搭建服务平台，创新信贷机制

探索构建产权交易平台、价值评估平台、质押登记平台、风险防控平台、信用评价平台、资产处置平台等"六大平台"，提供了"一站式服务"的便捷通道。通过委托第三方评估机构评估、质押权人自行评估、借贷双方协商评估、成立专家评估小组集体评估等方式，对农村集体资产股权质押物价值进行科学评估，探索建立质押物价值评估机制。同时，探索建立贷款风险补偿、缓释机制，设立风险补偿基金，引入"省农担惠农贷"分担化解贷款风险，大大激发金融机构和社会资本投向"三农"领域的主动性和积极性。

三、总结经验、摸索前行，递交改革成果答卷

（一）创新"股权质押贷 + 信用贷"

当地农商银行、邮政储蓄银行在开展小额惠农贷的基础上，通过"股权贷"试点，创新授信方式与贷款额度，探索在纯信用贷的基础上增加"股权质押贷 + 信用贷"捆绑耦合式贷款新模式，进一步规避市场风险，促进承贷行工作积极性和主动性。"股权质押贷 + 信用贷"的创新试点，让小农户和经营主体的融资成本下降 10% 以上，授信额度提升了 30% 以上，实现了承贷银行和小农户的互利共赢。

（二）创新试点"集体回购 + 内部转让"

针对股权有偿退出问题，先后到邹城市和天长市开展了专题学习，进一步掌握数据、找准问题、理清思路，决定海阳的"股权质押贷"兜底责任还要绝大部分落脚在村集体内部消化上，创新实施"集体回购 + 内部转让"的方式让股权有偿退出，先后制定了《海阳市农村集体资产股权质押贷款省级试点实施方案（草案）》等改革文件，在试点镇村有序推开，创造性地在资产资源丰富、市场化运作完善的 2 镇 3 村积累了试点成果和地方经验。

（三）创新拓展农民财产权权能

与党支部领办合作社打造相结合，共促村级集体经济发展，试点村的辛安镇向阳村、行村镇项家村两村折股量化后，分别以 50 亩集体土地使用权和

海阳市农村产权交易工作指南

海阳市农村产权交易管理办法

127 万元的经营性资产作为村集体的出资额投资党支部领办合作社，大力发展露天草莓产业和黄牛养殖产业，开展规模化经营和集约化服务，已经取得良好收益，发展了集体经济，增加了农民群众收入，也进一步为农业融资打通了道路。

下一步，海阳市将紧紧围绕省市农村改革发展大局，持续聚焦权能拓展、资产盘活，努力探索构建"股权贷"省级改革的地方经验。一是进一步开展探索提升。不断加快股权证书的发放效率和覆盖面，引导金融机构在贷款利率、期限、额度、风险控制等方面加大创新力度，开发符合当地农业农村实际、满足农民群众多样化需求的信贷产品。二是进一步完善工作流程。结合前期工作成果和当前发展实际，积极开展"股权贷"业务提升和金融知识培训工作，不断完善、细化融资流程和方法途径，优化服务质量。三是进一步加大改革资源优势整合。海阳市将争取到的 4 个省级、1 个国家级农村改革试点项目，联动正在开展的农地"三权分置"改革工作和即将落地的乡村综合治理整县改革试点项目，不断健全政策支持体系和管理制度，让改革成效不断显现，让更多村集体和农民群众享受到"创新成果"和"改革红利"。

V 镇村案例

烟台市典型村镇乡村振兴发展模式

PART FIVE

邵伯村软枣猕猴桃产业园
(海阳市农业农村局供图)

顺势借力　塑强做优
奋力谱写古驿黄山馆镇乡村振兴新篇章

近年来，龙口市黄山馆镇抢抓实施乡村振兴战略有利契机，突出党建引领，聚合产业、文化、人才等多元要素，因地制宜、统筹谋划、精准施策，矢志打造独具特色的"古驿黄山馆、和美新家园"，成功跻身省级乡村振兴齐鲁样板示范区创建名单，高标准承办了烟台市美丽乡村现场观摩会。

一、让党旗在一线飘扬，增强乡村振兴"引领力"

（一）筑牢夯实"强阵地"

以支部建设标准化、学习教育规范化、党员服务常态化"三化合一"为抓手，严格落实三会一课、组织生活会、双星联创、双联双诺等制度，保证支部运行规范有序，建好"桥头堡"，最大化发挥党支部的战斗堡垒作用和加强党员教育管理功能。按照"新建一批、改造一批"的总体思路，统筹做好党群服务中心规划建设，对7个支部的党群服务中心进行"扩能"，配齐软硬件设施，丰富活动功能。新建成的驿东社区综合性党群服务中心，在发挥原有作用的基础上，赋予其镇级部分服务功能，采取全开放式办公，实施首问负责、限时办结，设有综合服务大厅、戏曲驿站、舞动驿站、党员大会议室等14个厅室，着力打造"高效、热情、周到"的为民服务新标杆，成为党支部活动的坚强阵地和温馨的党员群众之家。

（二）优化提升"举旗人"

创建"红驿·黄山馆"党建品牌，推出红心引领、同心筑梦、初心融合、凝心助力、重心攻坚"五心"版块，与全镇中心工作、重点工作、日常工作有机结合，让村干部、党员、村民代表三支骨干队伍在党建品牌的牵引下凝聚力、向心力、生命力不断提升，服务人民的能力和水平不断提高。结合"不忘初心、牢记使命"主题教育，率先在全市开展党员集体政治生日活动，654 名党员走进"机关党校"忆初心、践使命，让党员这个党组织中"最小的细胞"时刻迸发活力。在农村人居环境整治中，镇级领导干部靠前指挥，村级"两委"干部主动牵头，812 名村级党员每人划分一块"责任田"，51 名机关党员干部每星期到 1 个村集中整治，切实发挥先锋模范作用，带动群众"从站着看，到跟着干，再到自觉干"，营造出人人参与、家家受益的良好局面。

（三）锤炼锻造"实干家"

坚持以实干、苦干的奋斗姿态践行以人民为中心的发展思想，从群众最关心、最直接、最现实的利益问题入手，干事创业、奋力拼搏。在违建拆除工作中，聚焦拆违不拆心，广大党员干部冲在先、干在前，带着最强的责任、最真的感情抓好各项工作任务落实，得到群众广泛认可，72 处、24 000 多平方米违建顺利拆除。聚焦增强党员干部干事创业本领不放松，经常性组织外出学习观摩、招商引资，格润富德田园综合体、风电、新材料磨具等一批重点项目相继"上马"，为经济发展注入了新鲜血液，为群众增收创造了更多机会。

▎二、让资源在一线融汇，集聚乡村振兴"强合力"

（一）因势利导壮大产业元素

借势省级乡村振兴齐鲁样板示范区创建工作，以党支部领办合作社为引领，整合土地资源，科学划片、一体推进，实现示范片区打造与群众致富增收双促进。引导各村集体对接域内茂源果蔬专业合作社、格润富德农牧科技股份两大农业企业，将闲散、撂荒土地进行整合，探索建立"党支部领办合作社＋大型农业企业"合作经营模式，发展特色农业，实现抱团发展，镇域共建成党支部领办合作社 9 个、联合社 1 个，入社村民可获得"每亩地 400～600 元保底分红"＋"企业支付收益的 10%～15% 二次分红"收益，还可优先到产业项目务工获取工资收入，有效增加村集体和村民收入，9 个行政村集体年均收入达到 10 万元以上。

（二）守正创新涵养文化元素

实施"文化＋旅游"战略，开展"乡村记忆"工程，深入挖掘馆驿文化、农耕文化、红色文化和孝德文化资源，对各村古文化、古树、古宅、古物进行保护性开发，打造一条连接 7 个村、长约 10 公里的民俗旅游观光带；对馆前后徐村徐镜心故居进行扩展，打造农耕文明展示基地，实现红色文化和农耕文化有机融合；创建志愿梦三角服务品牌，常态化开展"我推荐、我评议身边好人""二十四孝贤"、道德模范评选等活动，让"孝、仁、忠、义、礼、信、勤"的传统美德化于心、见于行。同时，坚持以文促旅、以旅彰文，提升旅游品位、丰富旅游业态，将黄山馆镇打造成集度假休闲、康体养生于一体的乡村旅游特色小镇。

黄山馆镇风景 （龙口市农业农村局供）

（三）外引内育激活人才元素

持续强化人才支撑保障作用，着力在引才、育才、用才上下功夫，组建"招才引智"专班，与企业建立双向沟通联络机制，每年常态化走进科研院校、企业开展招引工作，先后柔性引进来自中国工程院、神舟绿鹏农业科技有限公司、山东省物化探勘查院的5名高层次人才和中国农业大学畜牧研究所研发团队，深度推进"产学研"协同创新，实现人才兴企、科技兴农。鼓励在外人才参与家乡建设、服务家乡发展，搭建青年农民创业园，先后有5名乡贤返乡创业、3名青年人才创办农场。同时，全力做好内部挖潜文章，深入推进高素质农民培育，有力促进农民致富和农业发展。

三、让成效在一线彰显，夯实乡村振兴"保障力"

（一）在强化服务支撑中壮根基

成立乡村振兴工作专班，科学统筹各项保障资源，做到"人尽其才、物尽其用、财尽其力"。聘请专家团队进行总体规划，广泛征求机关干部、人大代表、乡村贤达、法律顾问等意见建议，对30余个乡村振兴示范项目安排领导干部包项督查施工质量，保证创建任务高质高效完成。利用村内空闲民房建立"雷锋驿站"，在路边墙体、水塔绘制风情彩绘，收集石块打造诗词墙，利用竹竿、秸秆编制草编工艺品、篱笆等，做到"取之于乡、用之于乡"，浓厚乡风乡韵，留住乡愁。积极对上争取资金，严格按照流程对每项资金"精打细算"，统筹用于绿化工程提升、基础设施建设、景观节点打造等，真正把钱花在刀刃上。

（二）在强化宣传推广中树亮点

采取"内外兼修"的方式，不断加大宣传力度、拓展宣传广度，有力提升镇域知名度。对内，配齐配强宣传队伍，推出《驿读》杂志专刊，升级"红驿·黄山馆"微信公众号，开展"进村入户大走访"，全方位宣传域内工作动态，让全镇群众了解并主动参与创建美好家园，实现思想统一、力量凝聚。对外，在学习强国、新华网、大众网、凤凰网、农村大众报、烟台日报、仙境烟台等10余家媒体平台，累计发表100余篇介绍黄山馆镇乡村振兴相关内容的报道，多次在外举办特色产品展示推介会，邀请网红达人直播宣传，镇域形象得以有效外树；同时通过组织现场观摩会，举办摄影大赛、宣讲比赛、书画展览等各类文娱活动，充分展示黄山馆风土人情，让古驿小镇充满时代活力。

（三）在强化督导考核中促落实

将乡村振兴工作纳入各村目标责任制考核，完善《农村工作考核办法》，细化实化各项工作任务，让村级干有方向、做有抓手，考核结果作为村级班子和村干部资金奖补、财政转移支付、评先树优重要依据，倒逼村"两委"干部担当作为。建立"领导干部包村责任制"和"机关干部包村责任制"，实行三级网格化管理，不定期到现场查验工作落实情况，进行评比打分。强化问题导向，以发现、整改问题为切入点，做到第一时间认领、第一时间整改、限时反馈办结，利用微信工作群时时汇报调度，确保责任落实到位、问题整改到位，构建"事事有人管、件件能落实"的工作格局，推动乡村振兴各项工作扎实有序进行。

弘扬家风家训　助力乡村振兴

——龙泉镇以好家风涵养好乡风，开辟乡风引领乡村振兴新路径

习近平总书记在讲话中多次强调"注重家庭、家教、家风"的重要意义，"家庭是社会的基本细胞，是人生的第一所学校。不论时代发生多大变化，不论生活格局发生多大变化，我们都要重视家庭建设"，"家是最小国，国是千万家"，家风是建立在中华文化之根上的集体认同，是每个个体成长的精神足印，具有"润物细无声"的意义，影响着家庭成员的品质和行为。只有千千万万家庭的好家风，才能实现全社会的乡风文明，进而建成产业兴旺、生态宜居、乡风文明、治理有效、生活富裕的现代化新农村。抓住家风建设，就抓住了乡风文明的"牛鼻子"，握紧了乡村振兴的"指挥棒"。

近年来，牟平区龙泉镇始终围绕习总书记的家国情怀，以社会主义核心价值观为引领，创新开展家风家训建设工作，通过"三大招"释放家风细胞正能量基因，"三平台"彰显家风孕育主旋律，"三项工程"铸牢乡村振兴文明之魂，逐步实现家风优良、民风淳朴、乡风文明，进而推动乡村全面振兴。

▍一、创新内容

（一）挖出来："三大招"释放家风细胞的正能量基因

家风、家训作为传承中华文明的微观载体，以一种无言的教育、无字的典籍、无声的力量，耳濡目染间浸润着人们的心灵，对涵养社会主义核心价值观、实现乡风文明具有直接作用。龙泉镇以全体党员干部为对象，创新实

施"把方向、家家到、户户晓"三大招，实现镇域家训全覆盖。

把方向。建立中心指挥组，全面强化组织领导。龙泉镇党委、政府成立以书记为组长、副书记为副组长的家风家训建设中心指挥组，利用 1 个月的时间深度走访调研，从家风家训工作的重要性、可行性、紧迫性等方面多次研讨，制定家风家训工作方案，召开全镇家风家训工作启动大会，并将其作为近年来全镇重点工作列入工作清单，密切关注进展情况，全面把握工作大局，为工作的顺利开展指路引航。

家家到。成立 52 个家训定立小组，确保家风家训统计工作全覆盖。成立由包村干部、村干部组成的家训定立小组，并先后 10 余次进行专题培训，充分掌握家风家训工作的开展要求，利用 3 个月的时间，多次深入每家每户，通过拉家常、述家事、阅家书等形式，多次沟通，反复推敲，字斟句酌，完成全镇家训统计工作，对家风家训内容先后进行 2 次复核，切实保证家训代表每个家庭的真实意愿与独有特征；并对各村的家风家训进行总结提炼，结合各村特征多番开会研究，确立各村的村风村训，并融入推广到村规民约中，成为全体村民的行为准则。

户户晓。实现家风家训上墙工程，引领乡村文明良好风尚。由镇党委统一设计并印制家风家训展示牌及家风家训通讯册，印刻着每个家庭独有的家风家训，并统一将展示牌悬挂于每家大门口显要位置，家风家训通讯录人手一本，让老百姓在每次回家、串门、打电话的过程中，都能提醒自己从自身做起、从家庭做起，相互学习，彼此监督，把好家风传承下去，从而进一步深化全国文明镇建设工作，营造镇村崇德向善、见贤思齐的社会风尚，以优良家风推动良好社会风气的形成。

（二）浓起来："三平台"彰显家风孕育的主旋律

龙泉镇通过搭建"评选平台、宣讲平台、互动平台"，多途径挖掘、多平台宣讲优秀家风家训事例，树好人榜样，弘扬优秀家风美德，浓厚优秀家风教育氛围，以优秀家风促党风政风、带社风民风，营造良好的社会新风尚。

评选平台。创新开展多种形式的评选活动，实现年中有评比年底有奖励系列评选机制。年中开展优良家风传承人海选活动，通过村民自荐、村委初审、镇党委复审的方式，推选出候选人，并进行事迹详细调查、筛选、研讨，最终评定并表彰 8 名优良家风传承人；年底开展"最美龙泉人"系列活动，通过村委推荐、党委审核、村民评价等方式，共评选出干事创业、忠诚担当、孝老爱亲、助人为乐、爱岗敬业等 15 人。

宣讲平台。搭建多媒体信息发布平台，实现事迹八方唱响。充分整合全镇多媒体资源，运用市区两级电视台、"昆嵛山温泉小镇山东龙泉"微信公众号、村村通广播、村村亮宣传屏等媒介发布信息，将家风家训教育延伸到村庄前端；组建泉水叮咚志愿服务队，选拔镇机关干部录制优良家风传承人事迹音频，利用"村村响"广播每周播放；配合"村村亮"LED 屏进行家风家训内容的标语宣传。

互助平台。突出典型引领，以优良家风浸润互助养老新模式。组织全镇志愿者、家风代表人、村干部、党员等采取上门拜访、公益帮扶等方式，为空巢老人送去"家"的温暖与陪伴。以邹家庄村为试点村，为村内子女不在身边的失能、半失能老人就近招募 5 名志愿者，定期上门探望，通过讲故事、谈趣事、扫庭院等方式让老人的家味儿浓起来，逐步形成邻里互助式的晚年关怀养老模式。

（三）传下去："三项工程"铸牢乡村振兴的文明之魂

乡村振兴要塑形，更要铸魂。近年来，龙泉镇以家风涵养民风，创新开展"家教工程""暖心工程""传承工程"，让家风家训春风化雨、代际相传，从而培育新时代的淳朴民风、文明乡风，为全镇乡村振兴提供强大精神动力。

家教工程。以镇级党校、镇新时代文明实践分中心、村新时代文明实践站为阵地，因材施教，聚力实施家教工程。邀请山东省家庭文化研究会专家委员会王天仁主席等专家学者、两届"最美龙泉人"、优良家风传承人组成讲师团，通过家文化讲座、榜样展播、家庭体验等多种形式，唤醒全镇党员干部的家风情结，引导全镇党员干部深思家风背后的意义，从而在全镇营造学家风、传家训浓厚氛围，不断深化崇德尚廉意识，逐步形成守德、守纪、守法的良好社会风气。

暖心工程。以每村为一个大家庭，创新推行慈善互助暖心工程。在邹家庄村试点成立村级慈善互助基金，让友爱互助、和谐友善的优良家风精神代代相传。村里选取 3 位德高望重的"村庄名人"，专门设立了慈善互助基金管理小组，具体负责基金的募集和使用，本着"奉献、互助、自愿"的原则，以爱心企业、乡贤、村民个人捐款为主，建立健全捐赠接收机制和公开机制，用于救助有特殊困难群众的专项基金。通过困难村民自行申请、村民代表提请等方式申请互助资金，同时严格按照使用机制，由慈善互助基金管理小组初审，并经村民代表会研究通过，确保最需要的困难村民得到帮助，让家风精神世代传递，让这个村居大家庭更具人情味儿。

传承工程。引导镇中心小学、镇中心幼儿园将家风文化教学与学生家庭教育工作、德育工作相结合。鼓励镇敬老院开展每月集中为老人过生日、社会公益组织慰问老人等多种形式的敬老活动。创新实施儿童、老人、优良家风传承人同游烟台活动，发扬优良家风传承人言传身教的示范作用，逐步将家庭文明建设延伸至学校、敬老院和社会企业。策划"优良家风薪火相传"活动，组织镇优良家风传承人候选人、镇敬老院老人和镇中心幼儿园儿童共 32 人赴养马岛丰金书院开展研学活动，通过"注重言传更突出身教"的方式，促进优良家风在代际间的循环传承。

牟平区龙泉镇又闻山村槐花香 （烟台市农业农村局供图）

二、创新绩效

（一）以家风家训为根本，展现乡风文明新风尚

龙泉镇通过家风家训工作的开展，进一步促进老百姓对家庭美德的广泛践行，促进农村家庭文明水平的大幅提升，从而直接引导老百姓树立爱镇如家的理念，自觉加强庭院建设，改善农村人居环境，引导村民树立文明、健康、科学的生活理念，努力营造见贤思齐、向善向上的文明乡风。以获评第五届全国文明镇为契机，全面加强家庭文化建设，潜移默化中提高农民群众思想道德素质，从而促进家庭幸福美满、邻里和睦相处、社会和谐稳定；同时将农民文化艺术季、"一约五会"宣传、最美龙泉人评选等新农村精神文明创建活动整合统一，把乡风民风之美融入思想，不断提高养生小镇社会文明程度。截至目前龙泉镇已推选出"龙泉好人"14名、区级道德模范 3 名、市级道德模范 1 名、最美龙泉人 15 名、优良家风传承人 8 名，涵盖孝老爱亲、助人为乐、爱岗敬业、担当奉献、见义勇为 5 个类别。用身边人、身边事教育引导群众，凝聚正能量，让每位村民自觉传承良好家风、遵守行为规范，展现镇域夫妻恩爱、邻里互谅、村村互助的和谐稳定新风尚。

（二）以乡风文明为抓手，建设生态宜居新龙泉

龙泉镇以乡风文明建设作为实施乡村振兴战略的重要支撑，着力推进乡风文明建设工作，实现了农民思想观念大转变、文明行为习惯大改善、农村文明程度大提升，打造了宽松文明、充满活力的乡村振兴环境。龙泉镇狠抓人居环境整治工作，通过家风家训工作的持续深入的开展，村风民风的改善，全域老百姓加入环境整治的自觉性逐步增强，在抓住垃圾清运工作契机的同时，集中开展了两次全员参与的村居环境整治工作，全镇老百姓撸起袖子参与打扫运输工作，将固体垃圾变为路基，实现环境整治与道路拓宽的"双赢"，不断推进村庄环境全面提档升级。持续开展村庄美化工程，协调督促环卫公司对全镇环境卫生进行长效保洁，集中收集处理反光膜、农药瓶、苹果

袋等农用废弃物，全面提升镇域环境卫生质量，并于 2020 年 9 月份顺利通过国家卫生乡镇技术评估。全镇 52 个村均开展了美丽乡村示范创建工作；村内无垃圾堆、无畜禽粪堆、沙土堆等；无违法焚烧秸秆、垃圾等破坏生态事件；目前，共创建省级美丽村居 1 个，省级美丽乡村 2 个，市级美丽乡村 3 个，区级美丽乡村 23 个。

（三）以生态宜居为关键，打造乡村振兴龙泉样板

龙泉镇通过乡风文明带动生态环境的进一步改善，为龙泉康养产业的发展，创造了良好的硬件环境基础，为全面实现乡村振兴提供坚实的保证。镇域招商引资工作有序开展，2020 年重点引进投资 3 000 万元龙泉镇驻地供暖项目、投资 2 亿元慢果精品民宿项目、投资 2 000 万元的仙山金脂粮油、佰祥货运等 4 个项目；重点项目建设稳步推进，崑龙温泉项目，现已完成投入 5.3 亿元，项目一期的温泉旅游度假区已于 2020 年 8 月 1 日正式营业，日接待游客量达 1 600 余人次，开启了温泉养生小镇崭新的篇章；全域旅游初见成效，依托镇域优美的生态、浓厚的文化底蕴，成功举办了 2019 "烟台人游烟台"暨牟平区第二届昆嵛田园文化节、将军谷甜杏采摘、德和食用菌研学游、胡同文化节、龙泉茶博园研学游、状元文化节等系列主题活动，吸引国内外游客 30 余万人次，全面开启乡村振兴之路。

▍ 三、印证材料

2019 年 1 月 18 日，山东省家庭文化研究会专家委员会主席王天仁到龙泉镇举办"家文化"专题讲座。

2019 年 2 月 19 日，中共龙泉镇委员会、龙泉镇人民政府下发《关于命名表彰 2018 年度全镇先进集体、最美龙泉人的决定》。

2019 年 3 月 5 日，龙泉山水名郡项目获评山东省 2019 年度绿色智慧住区示范项目。

2019 年 3 月 5 日，牟平区龙泉镇政府办公楼改造项目获评山东省 2019 年度被动式超低能耗建筑示范工程。

2019 年 4 月 4 日，龙泉镇将军谷景区成功承办了 2019 "烟台人游烟台"

暨牟平区第二届昆嵛田园文化节。

2019 年 4 月 10 日，龙泉镇党委、政府印发《关于印发〈龙泉镇开展"龙脉传家训、泉养育家风"主题活动实施方案〉的通知》。

2019 年 4 月 11 日，龙泉镇召开"龙脉传家训、泉养育家风"主题活动启动会。

2019 年 6 月 24 日，市委宣传部部长于永信同志到龙泉专题调研美丽人家、家风家训等工作，并对龙泉镇家风家训工作给予充分肯定。

2019 年 6 月 28 日，龙泉镇党委、政府召开建党 98 周年大会，给历年 7 月份入党的党员过"政治生日"，颁发"初心盘"。

2019 年 8 月 21 日，烟台市妇联主席李咏梅同志到龙泉调研，并对家风家训工作表示肯定。

2019 年 8 月，龙泉镇党委、政府举办龙泉镇第七届农民文化艺术季暨"优良家风传承人"海选活动。

2019 年 8 月，龙泉镇顺利通过国家卫生镇复审。

2019 年 9 月 7 日，山东省妇联主席张惠同志到龙泉镇邹家庄村调研，并对龙泉镇家风家训工作给予充分肯定。

2019 年 9 月 16 日，龙泉镇北夼村获评山东省第二批美丽村居建设省级试点。

2019 年 9 月 30 日，龙泉镇党委、政府在崑龙温泉举办牟平区龙泉镇庆祝新中国成立 70 周年暨"守初心、树家风、促发展"颁奖典礼，典礼分为礼赞、践行、传承、奋进四个篇章，表彰了 2 名"荣誉纪念奖"、2 名"创业先锋奖"、6 名"忠诚奉献奖"、8 名"优良家风传承人"。

2019 年 11 月 1 日，龙泉镇获评"山东省森林乡镇"；丁家庄村、八甲村获评"山东省森林村居"称号。

北长山乡发展乡村旅游助推乡村振兴

近年来，长岛综合试验区北长山乡依托地域禀赋、渔俗文化等资源优势，大力发展生态渔业、乡村旅游，坚持打造有渔村特色和海岛风情的旅游产业发展新格局，为美丽乡村的建设注入新动能。

一、全面改善渔村人居环境

（一）推进近海腾退和岸线修复工作

落实"一线工作法"，下沉工作重心，驻村跟进、实时调度。成立工作组专班，腾退近海养殖，拆除育保苗场和破旧建筑。聚力攻坚影响岸线整治的重点户、难点户，保证了岸线整治项目顺利开工，同时更换海上环保养殖浮漂，改善了海域岸线生态环境。

（二）优化旅游环境

坚持"绿水青山就是金山银山"的发展理念，全乡持续开展美丽渔村建设，加强各渔村内外环境整治，建立村规民约机制，加强渔村的卫生、绿化和治安建设，推进乡村旅游点污水处置、垃圾分类、渔养物资乱堆乱放等项工作。同时，抓好旅游道路沿线、旅游景区周边和乡村旅游区的绿化美化净化，营造良好的渔村大环境，全面提升旅游发展的环境水平。

（三）推进绿化护林工作

开展松材线虫病防控工作，集中开展病死树清理处置。在旅游沿线实施退耕还林，栽种各类苗木，乡村自然生态得到有效保护，绿化总量持续增加，生态系统质量不断提高，村容村貌明显提升，农村人居环境明显改善。

（四）新旧动能转换，传统产业出"绿"芽

大力实施农产品品牌发展战略，推行"党支部＋合作社＋基地＋养殖

户"的产业发展思路。北城村渔业专业合作社自成立运转至今，先后被授予"烟台市渔民十佳专业合作社""山东省渔业专业合作社省级示范社""国家农民合作社示范社"等荣誉称号。2018 年北城村成晟公司注册"北城红贝"商标，成功获得国家地理标志产品称号。2019 年，成晟水产有限公司加工带壳扇贝 2 250 万千克，为村集体增加收入 2 600 万元。直接提供 300 个以上的就业岗位，人均月工资 5 000 元以上。2020 年，合作社收购活鲜扇贝 2.63 万吨，扇贝肉加工达到 8 000 吨，销往全国近 500 家超市、酒店、批发市场。辐射 6 个乡镇近 300 家渔户，销售收入约 1.4 亿元，带动渔户户均增收 30 多万元，真正实现了"一带二、二促一"的产业联动。

二、推动高端民宿产业提升

乡村旅游是新时代促进居民消费扩大升级，推动高质量发展的重要途径，作为乡村旅游发展的重要内容和新热点的乡村民宿，则是推进全域旅游发展的重要抓手。北长山积极推进渔家乐精品民宿提升项目，实施渔家乐民宿三年提升工程，整体推动传统渔家乐转向新文旅服务业发展。

（一）推进花沟文旅康养小镇建设项目

已完成房屋征收和育苗场拆迁的前期工作，为项目推进打下坚实基础。建设以养心民宿、养生调理、文化体验、休闲康养、教育培训、展览展示等功能于一体的综合性文旅康养产业基地。目前，一期工程军民融合主题民宿区已开工，将继续开展系列联建共建项目，助力花沟村旅游合作社健康发展，依托党建引领全村渔家乐民宿整体改造提升。

（二）推进北城"鲜活"主题高端民宿区建设项目

打造全区首个"鲜活"主题的特色民宿区，盘活利用原北城旅游购物中心建设项目，整体利用现有的农居，对建筑设施、村落环境进行合理改造和整修，全面升级建筑内部装修配饰和设备，定位为长岛鲜活民宿聚落，同时深入挖掘乡村资源，以突出海岛文化和渔家特色为主题，以丰富休闲旅游内容为抓手，对乡北城村村委会路段进行设计，投资 600 余万元，完成街道立面改造、"村眼"回廊、音乐喷泉等建设。

北长山岛望夫崖景观

（三）渔家乐精品民宿提升项目

为破解渔家乐产业中低端、同质化和改造提升融资难的问题，北长山乡主动作为，扎实推进渔家乐民宿三年提升工程，通过召开改造提升座谈会、组织外出参观、微信发布等形式，提高渔家乐经营业户对民宿转型提升工作的知晓率和参与率。赴烟台对接专业公司，积极就流转渔村闲置老屋打造特色民宿事宜进行招商，组织召开金融贷款助力渔家乐改造提升会议，协调区邮政储蓄银行、农担公司现场为业户办理贷款手续。通过典型带动，示范引领，推动全乡精品民宿向主题差异化、设计特色化、空间舒适化、服务标准化转型发展。

三、延伸海上旅游产业新链条

（一）规范秩序，发展海上游艇观光

2020 年，北长山乡聚焦党建引领，依托北城村党支部核心带动作用，

主动谋划，积极作为，推进成立全区第一家党支部领办股份制公司，实现规范海上旅游秩序和集体增收群众致富的双赢互促。北城村注资1 500万元，成立长岛旗源旅游有限公司，实行股份经营，实施统一管理，探索出了海上旅游发展新模式。自2019年7月份投入运营以来，已安全接待游客6万余人次，实现经济收入1 200余万元，为全区规范海上旅游秩序发挥了积极作用，实现了"政府放心、规范管理、公司运营、群众增收"的有效统一。

（二）打造海洋牧场，发展休闲旅游垂钓

投资1 700余万元用于打造高端旅游区和海上垂钓园，投资400余万元进行岸线整治、沙滩平整，完善规划设计，建设涵盖沙滩旅游、海上娱乐等内容的高端旅游度假区；投资1 300万元，建设省级现代渔业园区，投建休闲垂钓鱼礁群，制作投放聚鱼型构件礁3 000个，形成海上游钓区2万空立

北长山扇贝加工现场（烟台市农业农村局供图）

方米。

海上游艇观光、休闲垂钓，再依托陆上鲜活海鲜市场，植入海鲜加工档口和餐食空间，形成以文化街、南海岸、海上游艇、水产品加工基地、海上休闲垂钓园为一体的乡村旅游休闲观光产业链。

2020 年 4 月，北长山乡被农业农村部、财政部列为农业产业强镇建设名单。下一阶段，乡党委将积极规划发展海上休闲旅游新模式，结合近岸养殖腾退、生态保育成果，高效整合海上资源，创新旅游经营范围，积极发展帆船游、休闲渔业游、游艇自驾、水上休闲娱乐、陆上沙滩休憩、海上垂钓餐饮等高端旅游产品，协调产业链条上各个要素，增强休闲旅游吸引力，带动渔民转产转业，将渔俗文化、生态文化、海上休闲、特色餐饮等与旅游产业充分融合，助推旅游产业发展，以实现休闲旅游参与性、娱乐性、体验性等效益最大化，打造一流的岸滩旅游度假区。

大户陈家村统分结合的现代农业经营体制实践创新

——集体经济促进第三次分配走共同富裕道路

著名经济学家厉以宁教授在其 1994 年出版的《股份制与市场经济》一书中提出第三次分配方式理论，他认为，收入不应只有市场、生产要素进行首次分配，而是要政府加强调节、引导慈善事业的三次分配理论。厉以宁表示，通过市场实现的收入分配，被称为"第一次分配"；通过政府调节而进行的收入分配，被称为"第二次分配"；个人出于自愿，在习惯与道德的影响下把可支配收入的一部分或大部分捐赠出去，可称为"第三次分配"。社会主义的优越性在于共同富裕，具有极其崇高的精神价值和社会价值，兼顾生产力发展的效率和民众权利的公平。共同富裕是终极价值和过程价值的统一，要实现共同富裕，必须把两者有机统一起来。共同富裕是物质价值和精神价值的统一，有利于构建和谐社会。

山东省烟台市招远市大户陈家村坚持"党组织领办合作社"的集体化道路、不忘初心的艰苦奋斗精神和专业的事由专业的人来做的市场化理念，开创了一条"党组织领办合作社、专业人才分包经营、庄园统一运营"的集体经济发展模式。并且由先富起来的党员干部和村民积极投入乡村公益事业，带动身边的村民发展生产，整合周边 7 个村成立了社区党委，通过党建为引领，带动整个片区的共同发展，走出了一条乡村公益慈善促进第三次分配实现共同富裕的新道路。大户陈家村的党委副书记陈松利和村党委委员陈安庆分别到西华山和南冯家两个村担任"第一书记"，主要任务就是先抓党建后促发展。从一个村向另一个村派驻"第一书记"，这在烟台还是首创。一个辐射周边十几个村、上万村民，集观光采摘、农事体验、垂钓游乐、自助餐饮、康养住宿等产业项目为一体，一二三产高度融合的乡村振兴实践模式，正在逐步走向成熟。

一、大户陈家集体经济基本情况

山东省烟台市招远市大户陈家村位于金岭镇最南端，现有村民 470 户，总人口 1 370 人，占地 2 平方公里（3 000 亩），其中耕地 1 500 亩、山峦 800 亩。大户陈家党委下辖 3 个党支部，共有党员 101 人。大户庄园·南海林苑农业综合开发项目位于招远市金岭镇钟离河源头——羊角河流域内，以大户陈家为中心，北起西华山、中华山，南至北寨子，西到西梧桐夼，东至南冯家、侯家沟，涉及金岭、齐山 2 个镇，共 12 个村的耕地和荒山荒坡，规划总面积 20 平方公里，计划总投资 5.6 亿元，由招远市大户庄园农林专业合作社承建。

南海林苑是全国农业物联网示范基地，投资 200 多万元搭建农业物联网智能化管理平台，通过互联网技术深刻运用，实现农业智能化控制和远距离控制。通过"大户庄园安全农业云系统"可以在电脑、手机上视频追溯苹果、葡萄从种植管理到采收、储藏的全过程。通过互联网营销综合运用，实现品牌农产品电商营销；通过互联网与农业深度融合，完善农业产业链，延伸农业功能。项目运用生态园林的设计理念，弘扬天地人和谐共生的文化传统，突出环境保护和食品安全，着力打造健康产品和旅游品牌，配套建设休闲景观，使园区变得更加丰满和生动。在这里，人们可以从事苹果、葡萄等采摘活动，体验垂钓、耕种、自助餐饮住宿等农村生活和乡村文化，可以欣赏自然风光，体验人类与植物、动物和谐相处的生态平衡，享受农业与园林、饮食相得益彰的健康生活。

二、大户陈家集体经济发展历程

近年来，大户陈家深度参与农业供给侧结构性改革，不断提高农产品附加值和农业综合发展能力，走出了一条三产融合发展带领群众增收致富的道路。

大户庄园万亩现代农业园区（招远市农业农村局供图）

（一）发展规模化高效生态农业

向规模要效益。依托村级党组织力量，推进农村土地流转集中，自 2014 年起，整合本村以及周边 6 个村的零散耕地荒山荒坡共计 10 000 亩，按照"国家农业公园"的标准建设了集农业生产、生态旅游于一体的高效生态农业园区。其中 3 500 亩高端水果种植区，采用肥水一体等技术种植矮砧苹果、葡萄、猕猴桃、大樱桃、秋桃等鲜食水果（阳光玫瑰、夏黑等鲜食葡萄 1 200 亩，矮砧苹果 1 500 亩，大樱桃、秋桃、猕猴桃等特色水果共 800 亩）；5 000 亩粮食生产区，以订单农业方式生产绿色无公害粮油产品；新规划的 2 000 亩旅游休闲区，计划充分整合设施农业资源，重点打造休闲游乐和自然观光带。果品年销售收入达到 5 250 万元，亩均 1.5 万元。

向技术要效益。每年拿出集体企业 10% 以上的利润用于农业发展，投资 200 多万元与中科院联合开发了"大户庄园安全农业云"系统，搭建了农业物联网智能化管理平台，率先将物联网技术应用于生产实践，整个园区内土壤监测、滴灌、肥水一体化、远距离控制等农业技术水平全省领先。以葡萄为例，相对传统方式增产 10% 以上、节约肥料 30%、节水 60%、节约人工成本 180 元 / 亩，成为山东省水肥一体化建设示范点。多次承接国家、省、市重大农业建设项目，先后承办全国蜜蜂授粉、全省病虫害统防统治、农业机械、水肥一体化等现场会，荣获山东省生态循环农业示范基地、山东省生态循环农业示范区、全国科普惠农先进单位等荣誉称号，被央视、省及地方媒体多次连载报道。

向品牌要效益。大户庄园实行合作社统一领导下的家庭农场主负责制，按照"园区建设规模化、田间管理标准化、绿色防控生态化、管理模式农场化、市场营销品牌化"的思路，将土地划分为 20 ～ 90 亩不等的区块，再以每亩 1 500 ～ 3 000 元不等的价格对外发包，由合作社牵头实行生产资料、生产管理、病虫害防治、品牌运作、产品销售"五统一"模式，实现了管理方式由粗放型向集约型的转变，实现传统农业向现代农业的华丽"转身"。

（二）打造全产业链农业品牌

延长产业链条。新建 500 吨功能性果品饮料和 600 吨果酒生产线各一条，在原大户陈家粮所基础上建设农产品收储加工中心；新建年分拣 7 200 吨的苹果自动选过生产线一条，配合已建成的 2 000 吨苹果冷风库、300 吨葡萄冷风库和果品交易中心，形成了近万吨的果品收储加工能力。

强化质量管控。所有农产品通过"三品一标"认证，并配套冷链运输车，独立形成闭环冷链物流配送体系；从生产源头建立了农产品质量安全追溯制度，与全市农产品监管平台无缝对接、信息共享，全程可通过 APP 和 PC 终端追溯，实现智慧化质量监管。

完善营销网络。大力发展电子商务，在淘宝、阿里巴巴、微信等平台建立销售网络，强力实施品牌农产品营销战略，在一二线重点城市设立直营店，完成"立足烟台，深耕济南，辐射北京"销售布局。据统计，葡萄、苹果、大樱桃、猕猴桃，以及面粉、葡萄酒、杂粮粉等产品网上销售量占总量的 30%。

（三）升级农旅融合综合体

以休闲娱乐为主线，以种植产业为基础，推进农业、农村、农产品与旅游产业深度融合。对金水湾、汪家沟、陈家岭三个核心地段进行游乐开发，精心打造了农业科技馆、农业科普馆、地方餐饮、温泉洗浴、鱼果（菜）共生等特色项目，并配套七彩滑道、滑索、索桥、滑翔飞翼等游乐设施。

2019年投资1 500万元，在朝阳沟打造以"归园田居"为主题的9处"一色驿站"，依山而建并配套接待中心、餐厅、特色商店、停车场等设施，提升园区服务接待能力。在庙儿沟建设占地200亩的植物园，栽植平阴玫瑰、莱州月季等山东特有物种，在矮砧苹果树下种植鼠茅草和驱虫菊，探讨植物多样性对环境影响，并为绿色果品基地发展奠定基础。未来计划重点实施"三个万"工程，继续扩展规模，延长产业链条，深化"三产融合"。建设世界鲜食葡萄新品种试验园和北方袖珍百果园，种植苹果、梨、大樱桃、杏、李子、山楂、石榴等20多个品种，打造集观光游乐、休闲度假、科普教育、农事体验等于一体的田园综合体，实现农业、旅游、文化有机融合。

三、大户陈家集体经验发展经验

2018年以来，大户陈家以创建党建融合发展区为契机，以打造齐鲁样板示范区为抓手，坚持一二三产跨界融合、交叉重组，释放出"1×2×3＞6"乘数效应，形成了全环节提升、全链条增值、全产业融合的农业"新六产"发展格局。

（一）以"统分统"推动"六化经营"

传统农业弱在规模、差在品质、短在品牌。为解决这些问题，我们采取"统—分—统"模式，靠"统"汇聚合力、靠"分"激发活力，推动传统农业向现代农业转变。第一个层面的"统"，就是通过合作社集中流转1.25万亩土地，统一规划、统一建设、统一经营，投资300万元打造安全农业云系统和物联网智能管理平台，打造万亩现代农业园区，推动园区建设规模化、技术支持智能化。第二个层面的"分"，就是实行家庭农场分包责任制，把园区规划成20～90亩的片区，以每亩1 500～3 000元的价格分包，打造家庭农场120多个，每亩收益近2万元，吸收周边村60%劳动力成为"产业工人"，推动田间管理标准化、管理模式农场化。第三个层面的"统"，就是实行统购、统防、统治、统管、统销运作模式，所有农产品统一注册"大户庄园"

大户庄园葡萄基地（招远市农业农村局供图）

商标，网上认购、线下直销多点开花，价格高于市场 2 倍以上，推动产品营销品牌化、营销途径多元化。

（二）以"农业＋"推动"三链重构"

"新六产"一产是基础，二产是提升，三产是延伸。我们采取"农业＋"模式，推动产业链相加、价值链相乘、供应链相通"三链重构"。一是"农业＋收储加工"。聚焦前端收储与后端加工，投资 7 000 万元建成 4 000 平方米的大户酒庄、2 000 平方米的粮食收储加工中心配套 2 000 吨苹果冷风库、500 吨功能性果品饮料生产线、600 吨果酒生产线，形成"果品—果汁—果酱—果酒"全产业链。二是"农业＋民俗文化"。坚持"把农业做成文化"，支持商业街、购物街等引入文化业态，利用闲置房屋，打造了以四方小吃加特色民宿体验为主的徐家汇民俗步行街。9 月 20—22 日，举办了"2020 烟台市庆祝中国农民丰收节活动启动仪式暨农民丰收节开幕式"。三是"农业＋科普体验"。按照国家农业公园标准，集中开发金水湾、汪家沟、陈家岭

3 个核心地段，精心打造了农业科技馆、科普馆等特色项目，成功申请国家 3A 级景区，年接待游客 20 万人次，获评"中国美丽乡村百佳范例""山东省旅游特色村"。

（三）以"外引内育"推动"双向互促"

做大一产、做优二产、做活三产，核心在科技、基础在人才。一是请来专家"上山下乡"。与省农科院、鲁东大学等建立合作，烟台果茶站站长马德功、农科院葡萄研究所所长唐美玲博士等 10 余名专家长期技术指导，矮化苹果等 20 余个优质高产品种"遍地开花"。二是引入战投"借势登高"。与水发集团签订战略合作协议，对现有三产资源有效整合，农工商文体旅协同推进，规划打造国家级自行车运动中心、古村落商住休闲区等 7 个项目，建成后年收入可达 9 000 余万元。三是培育人才"大展拳脚"。通过邀请农技专家现场指导开展专业培训，组建技术服务队进行普遍培训，年均培训 20 余场、2 000 余人次，先后培育职业农民 60 余名，为"种好地"注入内生动力。

四、大户陈家集体经济发展带头人陈松海

结合我国乡村振兴的现状，利用公益力量来推动乡村振兴是目前的主要方向。由于乡村建设是一项具有系统性与复杂性的工程，政府主导不了乡村振兴，只能给予强有力的资源支撑，并且仅依靠单一的政府扶持很难达到造血的功能。根本的解决办法是整合多方力量，特别是使社会力量参与到乡村振兴中来。从大户陈家的实践来看，村集体带头人陈松海从一开始就意识到这一点，整合各方社会力量，助力乡村振兴。

陈松海带领村民创业以来，一直与天津涂料研究所、东北大学工学院的相关专家团队保持联络，保持技术的稳定性和前瞻性。农药生产，从一开始上马就与烟台农科院的高级农艺师吴桂芳专家离不开，无论是在技术还是应用领域，都一直给予非常有益的指导。矮化苹果项目，是由烟台富士苹果的泰斗——烟台果茶站马德功站长亲自指导，包括发展绿色观光农业，马站长也一直带领大家走在前沿。有机葡萄种植项目，得益于烟台农科院葡萄研究所所长唐美玲博士，她从全世界 3 000 多个葡萄品种中精选了 12 个品种推荐

种植，并且全程提供技术指导，很多农场主都有唐博士电话，有问题直接可以请教。

党的十九届四中全会召开之后，国务院副总理刘鹤同志撰文指出："第三次分配是在道德、文化、习惯等影响下，社会力量自愿通过民间捐赠、慈善事业、志愿行动等方式济困扶弱的行为，是对再分配的有益补充。"大户陈家集体经济带头人陈松海积极投身乡村公益事业，通过第三次分配实践推动了全体村民和周边村民走上了共同富裕之路。

作为党委书记的陈松海带头示范，以身作则，一切为集体利益出发着想。陈松海认为：集体有点儿钱，就想两件事，一是回报村民，二是用来发展。如果不这么做，那根本走不远、也走不到今天。陈松海经历过八九十年代村村有工厂、镇镇有企业的村镇企业繁荣时期，那时候很多村挣了钱，人也很容易浮躁，一辈子土里刨食，突然这么多钱摆在眼前，叫谁也很难不动心思。要不就是有点儿钱小富即安讲享受，不思进取吃老本，慢慢被市场淘汰；要不就是有点儿钱就"作不了"了，胡作非为，胡吃海喝，那家业肯定很快败光。陈松海觉得这样的情况就是缺乏毅力，没有定力。陈松海总是在考虑一个问题：集体的钱要考虑的更多更远，钱能花到什么时候？怎么才能花不完？我们这一代人花了，后代花什么？这就是保持发展定力的问题，得千方百计地去找项目、找钱。

公益人物等社会力量参与乡村建设，不仅能够促进乡村经济发展，还将有利于乡村文化发展和社会治理模式的完善和进步。大户陈家集体经济带头人陈松海还致力于树立村"大和大美"的文化品牌，强化村民的认识，提高村民素质。先后出资建设了村庄村史馆和民俗馆，成功举办了大户陈家村首届农民文化节、葡萄文化节，极大丰富了村民的物质和文化生活。大户陈家正在推行自治、法治、德治三者的良性互动，努力实现乡村善治。大户陈家村正在追求的目标，既要传承发展优秀传统，形成文明乡风、良好家风、淳朴民风，又要建立健全党委领导、政府负责、社会协同、公众参与、法治保障的现代乡村社会治理体制。

衣家村推进党支部领办合作社
促进乡村振兴经验总结
——合作社激发公益情怀走致富之路的齐鲁样板

在今天的栖霞市亭口镇衣家村，有一条宽 5.5 米、长 6 公里的公益山路。这条不同寻常的山路对于已经贫困了 300 多年的衣家村来说，不仅是一条地理意义上可通行的路，更是一条通向美丽乡村的公益路。

一、源起：百年山村难纾困

沿着栖霞市亭口镇驻地一路向西 11 公里，就是衣家村。300 多年前，衣家人的先祖为了躲避战乱，来到这个连"土匪都找不到的地方"。山峦护佑了他们的性命，却卡住了他们的发展。衣家村孤悬于大山深处，交通不便，没有水源。因为自然条件差，300 年来人口始终没有增加，一直是 100 多人。村里中青年几乎都外出了，留守的村民最年轻的也 50 多岁。全村 85% 的果园在山上，由于没有像样的山路，运输颠簸，好果运下来也成了次果。而连续的干旱天气，让村民们对果园发展失去了信心。2016—2017 年天气连续干旱，使得村里的樱桃树旱死 40%，老百姓收入下降了一半左右，水严重制约着村子的发展。衣家村村民马淑玲说："都是为了庄稼，长棵树，长个樱桃，干死了哪个心不难过？"为了抗旱，村干部曾自掏腰包买来 4 000 元的救命水，可送水车硬是卡在山脚下进不了山，村民只能眼睁睁看着樱桃树旱死。路和水卡着脖子，再不图变，衣家村会一直穷下去。

二、萌芽：能人带头有奔头

2009 年，当过 14 年兵的衣元良接受镇党委的动员，不顾家人反对，放弃自己的水果生意，回到山东省栖霞市衣家村担任支部书记。他没料到，自己接手的是个烂摊子：刚上任时，衣家村"脏、乱、穷"已经远近闻名，50 户人家，20 多户是上访户，村办年久失修而坍塌，村集体欠着十几万元的外债，群众上访不断。关键是，贫穷在这个村扎了根。

上任后，衣元良摸清了村情。村里首先是缺人，全村只有 57 户、127 人，常年在外打工的 30 多人，季节性外出打工的更是占到全村劳动力的 80%，留在家中的大多是年老体弱者。其次是缺路，衣家村挂在半山腰上，用当地话说是"村中有路走不通，山上无路鬼见愁"。通往山上果园的山路都是天然形成的羊肠小道，村民出行极为不便。更急迫的是缺水，村民饮水就靠一口咸水井，到了干旱季，村民常为吃水发生矛盾。

山高坡陡，缺水少路，对于一个以种植大樱桃为主的村庄来说，是严重的先天不足。作为衣家村的当家人，衣元良看在眼里，急在心里。自当选为村党支部书记的那天起，衣元良就一直琢磨着要打一个漂亮的翻身仗。因此，他也尝试着解决水和路的问题。然而当他把技术人员请到村里来的时候，对方的第一句话就让他一个劲儿地哆嗦："没有五百万块钱的话是干不了的。"没有钱也可以自己干，曾经的军旅生涯让衣元良有着一腔战天斗地的豪气，而衣家村的村民却不是纪律严明的士兵。有一个被他戏称为"衣家村的四天定律"来概括当地村民，比如，一个不超过四天的工期，第一天能来百分之八十的人，第二天有百分之六十的人，第三天百分之四十，第四天就没有人来了。眼看着发展的根本问题无法解决，衣元良有些泄气。尽管如此，他还是在党委政府的帮助下，充分利用"四天定律"改变着衣家村的面貌：带人翻新年久失修的村委会的办公室，修桥，这些事虽然跟解决水、路的问题没有直接关系，但村民长久冰封的心开始活跃起来。

人心是个奇妙的东西，衣元良带人翻屋修桥，仿佛在村民波澜不惊的心里，投下一颗又一颗的小石子，荡起层层涟漪。有天晚上村里突然停了电，衣元良在微信群里问说怎么停电了，因为他不烧炕，家里取暖主要用的是电热毯。谁想到，没隔一会儿的时间，就有村民来敲门，主动抱来了一袋草给他烧炕用。衣元良很感动，因为他知道，村民终于理解了村支书为老百姓做事儿的心意，他感觉真的值了，也感觉真的很幸福。人们都说，"幸福"二字千般好，造福人民重千钧，为老百姓做事最幸福。恪守为民之责，力行为民之举，这是共产党员的本分。心中装有人民，做事为了人民，坚定这样的信念，多大的苦都能撑着，多大的难都能闯过。

衣元良反复琢磨，觉得村里最大的问题是，老百姓单打独斗、心不齐。但怎么解决问题呢？从 2009 年到 2017 年，八年时间没找到好办法，农民收入连续七八年也没有增加。衣元良研究过当时各种合作社模式。他发现，大部分"合作社"，实质只是土地流转。村民的土地流转给"种粮大户"，然后每年拿租金，还可以去合作社打工。衣家村这样搞行不行？不行。衣元良说，平原上搞土地流转也许可以。我们这全是山区，土地也不值钱，没人来。村里年轻人都五六十岁了，谁愿意找你去打工？而且，农民没有了土地怎么办？这是"圈地运动"，不是真正意义的合作社。

衣元良也注意到，有的合作社是"假合作社"。三五个人办一个合作社，国家也有资金补贴。这样行不行？也不行。因为，大部分合作社是三五个"种粮大户"办的，"这三五个人往往是村里最有本事的人，当干部的、做生意的，这些人掌握了资源，其他人怎么办？这是少数人富裕，不是共同富裕。"

三、发展转折：公益促成抱团赋能

时间来到 2017 年，栖霞市委号召发展村级合作社，这让衣元良眼前一亮。2017 年 4 月，衣元良去亭口镇办事，镇党委书记史大磊把《塘约道路》拿给衣元良，说这是市委组织部长于涛推荐的，让每个村支书都看看。衣元良拿到书，一口气看完了。他感到，党支部领办合作社，走集体经济道路，是衣家村的出路。他又按照市委组织部的要求，认真读了习近平总书记的《摆脱贫困》，其中有一段触动了他："一些农村在实行家庭联产承包责任制时，没有很好地理解统一经营和'归大堆'的区别，放松了'统'这一方面，需要统的没有统起来，不该分的却分了，其结果是原有的'大一统'变成了'分光吃净'，从一个极端走向另一个极端。"

根据衣家村现状，衣元良形成了一个成立合作社、把村民集中起来发展晚熟桃子产业的想法。他对村主任和会计说："再不把老少爷们组织起来干点事，再过几十年，我们这个村子就消失了。"随后，他入户调研，跟村干部一起商量办法。做完村干部工作后，衣元良又试着说服大家加入合作社。见有群众不信，衣元良就组织村民到莱西市南墅镇参观晚熟桃种植。看到别的村尝到了甜头，村民们也陆续参与进来。在两个月时间里，衣元良开了多次村民大会，一周开两次。衣元良对村民进行了"战前动员"。经过艰苦努力，衣元良终于打动了群众，2017 年 9 月 6 日果蔬专业合作社正式取得营业执照，全村 57 户村民中有 53 户加入。

合作社取了个富有诗意的名字——一点园果蔬专业合作社。"一点园"就是"伊甸园"。这就是农民的浪漫，中国的"伊甸园"，不是来自虚无的天国和上帝的恩赐，而是人民在党的领导下，用自己的双手干出来的。

办合作社一开始，村"两委"也曾考虑以土地入股的方式让老百姓入社。但是在操作当中，觉得不合适：老百姓土地亩数不同，如果单纯按土地多少入股，对土地少的户和贫困户又不公平。衣家村的现状，也不会有企业来投资，即使把土地集中起来，也吸引不到资金。怎么办？经过探索，衣家村发明了"创业股 + 原始股"的办法。所谓创业股，也就是劳动力入股，老百姓可以到合作社打工，不管男女老幼，男工一天 120 元，女工一天 80 元，满2 000 元折合成 1 个股份，将来可以享受分红，还可以用于购买合作社提供的苗木、管道、水费、化肥等。

加入合作社，大家的心更齐了。修路、引水，成为头等大事。据估算，这最少也要 400 万元投入。放在以往，大家想都不敢想。"如今合作社成立了，虽然村集体没钱，但只要凝聚起全村人的力量，困难总能克服掉。"谈起村民的支持，衣元良黝黑粗糙的脸上露出了笑容。

为了通水，衣元良设法把钻井队拉到村里。很快，一口 335 米的深井成功出水，用两寸半的管 24 小时也抽不干。水通了，全村人像过年一样高兴。

得到群众支持，衣元良有了下一个目标：通路。但是，想要在几代人都没敢动过的大山上开辟出一条路，困难远超想象。从 2017 年开始，一支主要由 70 岁以上的老人组成的修路队上山了，一干就是一整天。70 多岁的衣民拿着铁锹沿着路边颤颤巍巍地铲着碎石。他患有脑血栓，尽管干活慢，却不肯休息。他说："大家都干，我怎么能坐着。我力气不比你们大，但我不能停！"

寒冬腊月，顶风冒雪，一天接一天，男的垒墙，女的垫沙。80 多岁的杨淑兰说："我就是去帮忙搬石头、垫沙子。书记把自己的东西都搭上了，咱能不干吗？"

山坡陡峭，以前没有路。打炮眼的时候需要把绳子一头系在腰上一头系在树上，有的地方要连放 3 炮才能打通，炮眼打了 2 500 多个，炸药用了 3 吨多。山路炸开后，没钱雇施工队，村民们就一锤一锤地碎石、一锹一镐地平整路面、一块石头一块石头地垒砌挡土墙。没有施工机械，村民们就把自家运苹果的三轮车开到工地上。一个合作社、一张工票，分散的群众组织了起来。这样一支队伍，靠着一锤一锤地碎石、一锹一镐地整平，出了 8 000 多个工，用了 7 个月的时间，硬是开辟出一条长 5.5 公里、宽 5.5 米的环山路。

四、开花结果：凝聚力量 铸就辉煌

衣家村村头的村史馆里，卷曲变形的铁锤、磨短了四五厘米的镐头、断裂的锤柄，向人们讲述着这段艰苦奋斗的修路历史。"石头硬、铁锤硬，不如衣家村人的意志硬。"衣元良说。村史馆里，还有一块围巾，上面绣着"衣家人，一家人"。在村党支部的带领下，发扬新时代"愚公精神"，村里修筑了上山路，还铺设了滴灌管路，改变"户户单干、扛水上山、背果下山"的局面，走上抱团发展、村集体和群众双增收的"聚变"之路。

路修通铺好以后，衣家村在山顶上建了蓄水池，但不通电还是无法灌溉。后来，国网栖霞市供电公司投资 360 余万元，帮助衣家村改造供电线路，新增变压器，引电上山，架设滴灌设备，安装智能设备，全村 350 亩果园实现刷卡浇地，生产有了保障。不到三年的时间，衣家村人依靠双手解决了路和水的问题，发展起特色产业项目，开拓出集体、群众"双增收"的幸福路，成为"中国美丽乡村百佳范例村"。

汗水没有白流。今天再走进衣家村，与过去已是天壤之别。在烟台市委组织部、国网栖霞市供电公司等单位的帮扶下，水、路、电的难题彻底解决，村里有了产业，通往乡村振兴的道路正在延展。这几年，除了传统的水果种植，衣家村发展起藏香猪养殖、桃树种植等产业。到 2020 年底，衣家村可实现村集体收入 100 万元，村民人均年收入 1.6 万元。

今天的衣家村，环山路直通山顶，路边全部是用石块砌成的挡土墙；建成海拔 300 米以上的高位蓄水池 2 处，一处蓄水池就能浇地 50 亩；全村近350 亩果园架设滴灌设备，实现了刷卡浇地。这样一个让人一筹莫展的村庄，恰恰是在党支部领办合作社之后，大变了模样。

并不是每个乡村都有好的先天条件。脱贫致富的道路上，需要有外部的助力，但更重要的，是依托自身条件，寻找到一条可持续的发展之路。党支部领办合作社，就是衣家村美丽乡村行动的慈善路。老百姓之所以愿意在暂

衣家村党支部管理示意图（常亮摄）

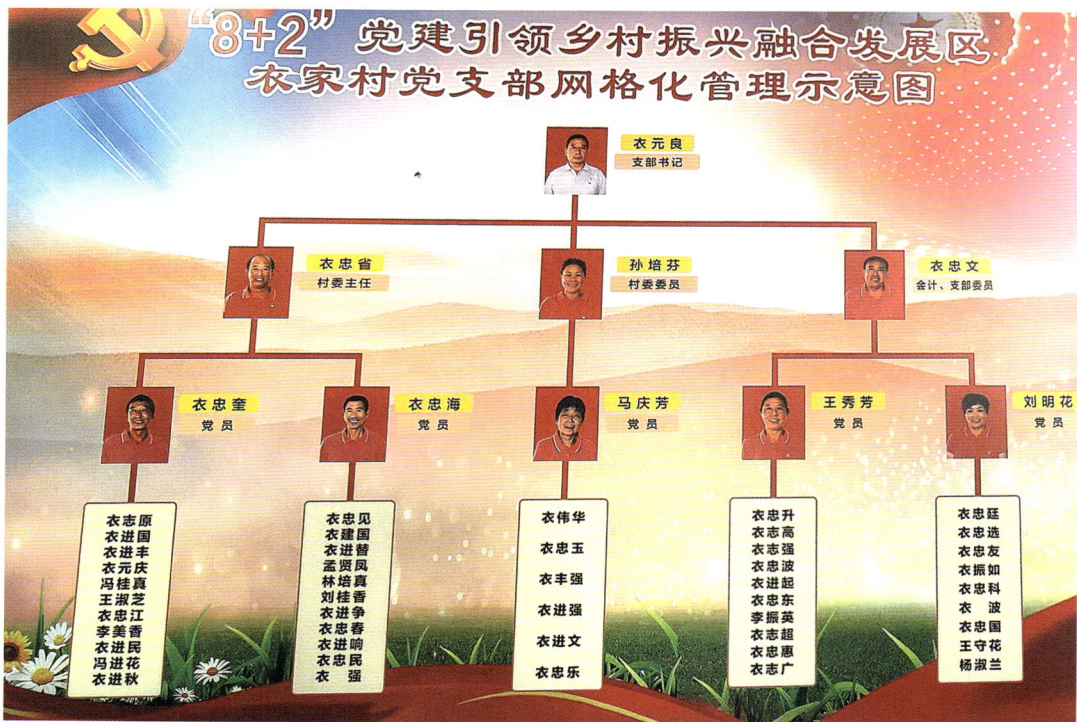

时无法兑现的情况下接受工票，从根本上说是出于对党组织的信任，相信在党的领导下村庄会有美好的前景。这就是在烟台常听到的一句话——把党的组织资源转化为经济资源。以这条 6 公里的山路为起点，衣家村打通了脱贫致富的最后一公里，昂扬迈进乡村振兴的康庄大道。

五、衣家村公益助力美丽乡村建设的实践模式反思

（一）立足村情，解决村民迫切关注的共同问题，激发公益精神，推进美丽乡村建设

每一个乡村都有着自身的特色，美丽乡村建设不是要一刀切的模式，如若不结合地方特色，因地制宜，乡村建设就成了无根之木，无源之水。衣家村孤悬于大山深处，缺路、少水，自然条件极差。人口一直维持在 100 多人，由于连年干旱少雨，作为村民主要收入来源的果园几乎没有收成。为了生计，中青年几乎全都外出务工，只留下部分老弱病残的人留守村庄。穷山恶水，普遍贫困是衣家村村民们面临的共同难题。

如何改善村里的恶劣环境、过上幸福的生活，这是村民们迫切希望解决的问题。靠政府，衣家村村民们也曾想到过，但政府扶持很难达到造血的功能。靠天靠地，不如靠自己，村集体首先意识到这一点。要想富，先修路，有了路，有了水，山就活了起来。于是修路成为衣家村民改变衣家村贫穷落后面貌的第一个行动。正因为修路改变的不是单个人的生活而是全村人的生活，这是一条通往希望的路。修路行为激发了村民们普遍的公益精神。

（二）塑造公益带头人，充分发挥带头人的人格魅力

衣家村的支部书记衣元良，有过 14 年军旅生涯，有着军人的勇敢，执着，军人的坚强和担当。他不顾家人的反对来贫穷的衣家村担任支部书记，充分展现了他勇敢和执着。自当选为村党支部书记的那天起，就一直琢磨着要打一个漂亮的翻身仗。他带人翻新年久失修的村委会的办公室，修桥，逐渐融化村民长久冰封的心。在他的感召下，村民们开始相互关心起来。如何把大家的心凝聚起来，他创办了一点园果蔬专业合作社，把村民集中起来发展晚熟桃子产业。在他的激发和带领下，大家形成了一种合力。主动参加村

集体的筑路行动，他们不计报酬，把劳动当做一种荣耀。

（三）调动村民的积极性，充分发挥村民们的团结互助精神，积极参与美丽乡村建设

人民也是国家的主人，在各项建设中理应位于主体性地位，在衣家村美丽乡村建设过程中，调动每一位村民作为地方发展的主体，积极参与其中，团结互助，是衣家村建设的重要经验。从个个单打独斗，人心涣散，到后来的筑路、架电线、建水池、创办合作社，积极入股，每一步都是村民们积极参与的结果。衣原良个人的人格魅力，为村民们谋福利的公益精神已使得公益精神浸润到每一村民心中，星星之火逐渐成燎原之势，村民积极参与村经济的发展，参与村子周围环境的改善。衣家村良好的公益文化氛围逐渐形成，为村集体做事成为每一个村民自觉的行动。

（四）坚持党支部领办合作社，走共同富裕道路

"党支部领办合作社"，是指由党支部成员代表村集体注册成立农民专业合作社，村集体以集体资金、资产、资源入股，群众以土地、基础设施、劳动力等入股，把群众组织起来规模经营、抱团发展，村集体和群众利益共享、风险共担。党支部领办合作社，不同于个人领办的合作社。资本、个人领办的合作社或许能解决产业振兴的问题，但是靠他们来实现共同富裕是不够的。党支部领办的合作社"姓公不姓私"，能够真正把分红主动权牢牢抓在手中，让农民群众成为最大受益者，让老弱病残也都能有保障，可以更有效的推动脱贫攻坚、共同富裕。

"党支部领办合作社"是烟台在全国的一个首创，其含义不同于简单的"党支部书记领办合作社"，也不同于先有合作社，再把党支部设在合作社上，而是通过一套完整的制度体系，把党组织的领导全面融入农村经济发展和治理，将党支部的政治优势、组织优势同合作社的经济优势以及群众的能动性相结合，由村级集体经济组织或者由村党支部成员代表村集体注册成立农民专业合作社，村集体和群众以集体土地、资金、劳动力等入股，重新把分散的农民组织起来，构建村集体与农民群众新的经济联、结纽带，把碎片化的资源要素整合起来，抱团发展、规模经营，走共同富裕之路。

美丽乡村的蝶变

——莱阳市濯村打造乡村振兴的美丽样板

濯村位于烟台市莱阳城南 40 多里的五龙河畔，共有 1 636 户、5 000 多人，是莱阳市第一大村。近年来，濯村以实施乡村振兴战略为抓手，勇于探索，大胆实践，逐步走出了一条党建强村、生态立村、改革活村、产业富村、文明兴村的振兴发展之路，由过去的单一农业、收入微薄、混乱不堪的贫穷落后村，发展成为三产融合、富足小康、文明有序的美丽示范村，先后获得"全国文明村镇""全国美丽宜居村庄""中国十大最美乡村"等 30 余项国家和省级荣誉称号，实现了从"丑小鸭"到"白天鹅"的蜕变，成为名副其实的"莱阳市第一村"。

一、"党组织就是主心骨，班子强濯村才能强"——狠抓村党组织建设，选好配强带头人

1996 年的濯村还是个薄弱村，村班子散乱无章，历史遗留问题多。莱阳市姜疃镇党委认识到，濯村由乱到治，必须先从"主心骨"抓起，从"带头人"抓起。他们找到当时还在一家纳税过百万元的工厂担任厂长的高云建，得知情况后，高云建毅然放弃年收入数十万元的高薪职位，临危受命回村担任书记，从此走上了带领濯村人艰苦创业、脱贫致富之路。作为村党委书记，高云建始终把"服务濯村、服务群众"放在心中最高位置，上任伊始便狠抓村班子建设。他对村"两委"成员讲，村党员干部就是"服务员"，为村民服务是天职，村民有事来找，再难也要顶上去，否则就对不起党员的称号，对不住群众的信任。在他的带动下，村"两委"班子横下一条心、拧成一股绳，

凡事干在先、冲在前。经村"两委"反复考察论证所作出的决策、推动的项目，搞一次成功一次，实施土地流转、农业对外开放等项目，当时都走在了全省全国前列。高云建既是濯村发展的设计师，又是冲在一线的园艺工、泥瓦匠，植树造林、整治建设，高云建都同干部群众一起干在工地、吃在工地。高云建对党员干部要求严格，对群众则关怀备至。村里年轻人结婚，他有约必至，每次都会带着礼物去捧场，拉近与群众的距离，与群众打成一片；对待村里的老人，他像对待自己的父母一样，经常去慰问关照，逢年过节送去米面油肉，对孤寡老人还给安排了力所能及的工作，让他们重拾生活的希望。由于群众真心拥戴、高度认可，高云建每次换届选举都是高票当选，村"两委"班子成员 20 多年来几乎没有变动过，整个班子一直非常团结稳定，村党委获得"全省先进基层党组织"的荣誉称号，高云建被评为"省优秀共产党员"。

▎ 二、"家里不干净，客人不愿来；村里不干净，客商不愿来"——下定决心整治村容，优化环境搭建平台

早先的濯村，还是"脏乱差"的代名词。濯村意识到，要想长远发展，必须下好环境整治的"先手棋"。他们制定出"定规划、搞硬化、种樱花、做绿化"的蓝图，下决心彻底改变村容村貌，努力打造生态田园、美丽花园、幸福乐园。为建设美丽乡村，村里通过姜疃镇党委政府联系协调，聘请山东省规划设计院对村庄规划进行修订完善，指导村庄建设工作。对不合规划、影响村貌的民房，确定统一进行拆迁。面对启动资金难题，党员干部主动集资、捐助，筹集资金近 80 万元，用于拆迁补偿。村干部和党员组成工作组，挨家逐户做工作，群众从开始不理解、不情愿，到最终全部签约，共拆迁 468 户、2 000 多间房屋、占全村的 1/4，打响了拆迁工作这一"当头炮"。此后，村里先后投入 5 800 万元，拓宽取直村路 18.5 公里，硬化路面 20 万平方米，架设路灯 1 360 余盏，形成了"三纵十一横一环"的路网框架。与此同时，20 余公里的地下排污管网投入运营，生活垃圾实现了统一收集清运，4 000 平方米的活动中心和 2 万平方米的文化中心建成

使用，水电气暖讯等配套设施日臻完善。特别是村里每年要栽上 1 万棵以上的树木，并有专人管护确保成活率达到 99%，20 多年如一日，现已种植各种美化绿化苗木 60 余万株，仅樱花树就达 10 万株，成为远近闻名的"樱花小镇"。现在的濯村街道宽阔整洁，路灯俏立明亮，别墅小楼鳞次栉比，房前屋后花草环绕，村内村外、大街小巷尽是绿的世界、花的海洋，村貌生态彻底改观。

▌ 三、"农民单打独斗辛苦又低效，农业规模经营才是出路"——先行先试推进土地流转，改革开放激活农村资源

过去的濯村，一无区位优势，二无资源禀赋，三无集体经济，仅有几千亩土地。濯村意识到，沿用一家一户的低效种植模式，永远跳不出贫穷落后的怪圈，搞农业规模经营才是必由之路。村"两委"班子认为，只要有利于村集体和村民增收，只要不改变土地性质，可以积极探索"土生金"的文章。经过反复研究，濯村引导承包土地的农民与有实力、有技术的外资企业签订长期土地租赁合同，变土地家庭承包经营为统一集约经营，探索走农业适度规模经营和农业对外开放之路。为稳妥走好第一步，村"两委"决定拿效益不好的 1 500 亩老梨园做试点，经多方联系，1997 年引进新加坡客商整体租赁开发。当年，村集体收入增加到 150 万元，300 名务工村民每年增收 160 多万元。一石激起千层浪，试点的成功让濯村群众看到了农业规模经营的美好前景。仅用一天时间，所有村民就签订了合同，把世代耕作的土地全部交给村里整体招商管理。目前，村里 8 300 亩土地全部实现了流转，共引进美国、新加坡、智利等 6 家外资企业经营管理，总投资 10.76 亿元，兴建起大梨、葡萄、花卉、苗木等果品园林基地。村集体每年创收 600 多万元，1 300 余名村民成为农业产业工人，年增加工资性收入 4 000 多万元，综合经济效益是过去的 10 多倍。濯村人在增加经济收入的同时，也学到了国外先进的农业技术和管理经验，综合素质得到了新的提升；濯村也随着越来越多的优质农产品出口海外，拥有了更高的国际知名度，迈出了开放发展的坚实步伐。

▌ 四、"发展再上新台阶，产业必须再升级"——招商引资兴办工业，多元发展搞活旅游

农业规模经营的成功探索，让濯村人彻底解放了思想。在巩固发展农业的同时，濯村及时把工作重心调整到二三产业上来，加大招商引资力度，努力培育新的经济增长点。村里陆续投资 1 000 余万元，规划建成了占地 70 万平方米的莱阳市第一个村级工业园，先后引进了泰康食品、新龙海调理食品等 16 家企业，涉及机械制造、食品加工、服装鞋帽等 8 个行业领域，吸纳劳动力 3 000 多名，年增加劳务收入近亿元，村民们实现了离土不离乡、就业不离家。在招商引资的同时，村里鼓励村民积极创业。目前，全村个体工商户达 180 户，10 户中就有 1 户搞经营，发展起现代物流、电子商务、粮食仓储、餐饮服务等项目 120 余个，个体经济年产值 1.2 亿元，形成客商创大业、百姓创家业的浓厚氛围。生态美是濯村人引以为傲的靓丽名片。随着村庄生态环境的持续美化，濯村又把"美丽环境变成美丽经济"作为振兴发展的新

濯村樱花盛开（烟台市农业农村局供图）

濯村樱花大道 (烟台市农业农村局供图)

路径，将发展生态旅游业提上议事日程。2006 年，濯村引进了占地 460 亩、投资 1.2 亿元的中国北方植物园，种植了 1 200 多种植物，面向社会开放，并成为山东农大、青岛农大的实践基地。从 2015 年开始，濯村整合 10 万株樱花、60 万株蝴蝶兰、3 000 亩苗木等资源，聚力打造"中国最美乡村濯村"樱花文化旅游节，动员全村群众搞农家乐、卖土特产、上游乐设施、组织文艺表演，至今已连续举办 4 届，累计接待游客 150 余万人次，高峰时日接待量达 8 万多人次，培育起一条以樱花游为特色的文化旅游产业链，仅门票一项每年能增加 300 多万元的可观收入。目前，村里正与中国电建集团、中青旅集团等央企开展洽谈合作，计划整合周边 10 个村庄、五龙河资源以及鲁花集团创业文化，投资 100 亿元打造集生态旅游、休闲观光、高效农业于一体的田园文旅小镇。

五、"秩序井然重在治理有方，乡风文明贵在成风化人"——全面推行网格管理，依规治村彰显法治

村"两委"将村庄划分为 16 个区片，片长由村"两委"成员或党员担

任，设置了绿化队、卫生队、治保队等多支管理队伍，实行网格化管理、无死角服务。像平时的卫生保洁，一律由党员干部划片包干，带领群众打扫清理，村内大街小巷每天都保持得干净整洁，连一个烟蒂都看不到。文明乡村，既要塑形，更要铸魂。濯村研究出台了《村规民约细则》，每家一册、妇孺皆知。村规民约不仅规定对破坏花草苗木者予以重罚，同时对家庭和睦、邻里相处、夫妻关系和赡养老人等进行了严格规范。村"两委"明确提出"规矩先从自己立"，凡是要求村民做到的，党员干部必须首先做到，带动村民涵养文明、向善向上。同时，加强正向引导，开展"梨乡好人"评选、"好人线索"推荐，塑造"濯村好人"品牌，大张旗鼓奖励宣传"孝诚爱德"典型 200 余人次。久而久之，濯村新风在润物无声中悄然形成，遵规守纪、文明有礼已内化为濯村人的良好习惯和自觉行动。近 10 年来村里再未发生过打架斗殴、聚众赌博、上访告状、邻里纠纷等现象，之前的罚款村里也予以全部退还。如今，诚信友善、互助互爱、尊老爱幼在村里蔚然成风，路边烂漫的樱花没人随意去折，树上诱人的红石榴、金柿子没人私自去采，处处是平安祥和、温馨欢乐的景象。

南庄村的蝶变之路

——奏好"三部曲"，让土地活起来农民富起来

壮大农村集体经济，是加快农村发展、实现乡村振兴、提升群众收入的关键一招。近年来，福山区门楼镇南庄村通过实施土地流转强基、产权制度改革固本、农民集中居住提质等战略举措，充分激发出农民生产发展的主动意识和强大潜力，集体经济发展焕发出前所未有的生机与活力，趟出了一条村级发展的新路子，先后被评为烟台市先进村居、"干事创业"进步村、先进基层党组织等荣誉称号。

一、山穷水复疑无路：南庄村发展条件

南庄村是福山区门楼镇驻地的一个小山村，全村耕地 800 亩、山地 600 亩，村民共有 260 户、753 人。2010 年，村集体收入为 2 万元，村民人均纯收入不到 8 700 元。党的十一届三中全会以后，农村联产承包责任制让南庄人从"一大二公"的大集体生活中解放出来，吃饱了、穿暖了，盖新房、搬新居，农民生活曾一度得到明显改善。近年来，随着农业税的取消，新农保、新农合、良种补贴等一系列富农惠农政策接踵而至，老百姓得到了一些实惠，但南庄人的生活并没有从根本上发生改变。突出表现为三个"散"：

首先，土地散。因工程陆续征地，全村原有耕地只余下大约 200 亩，人均不足 0.3 亩，分包到户后不仅面积小而且不集中，多为"巴掌地""散碎地"。农民生产经营依旧单打独斗，受农资价格上涨的影响，耕种土地成本高、效益低。村里越来越多的年轻人外出务工，土地大多由留守老人、妇女耕种，甚至出现抛荒、弃耕现象。

其次，居住散。全村由南、北两个自然村组成，住房无统一规划，标准不一、布局杂乱，村民宅基地面积竟然占全村面积的 40% 以上，特别是乱搭乱建现象严重，使本不整洁的小村显得更加拥挤。村里原有的几条土路，常年失修，遇到雨雪天气泥泞不堪。

再次，人心散。长期"单干"，让村民狭隘的小农意识更加固化，集体意识越来越淡化，大伙"各扫门前雪，不管他人瓦上霜"，邻里关系变远变淡。特别是取消农业税后，村民对集体的事情越来越不关心，集体对村民也缺乏有效的管理，党群、干群关系日渐淡漠。

南庄村失去了往日的生机和活力，陷入了农民"增产不增收"，集体发展缓慢、矛盾日益增多的发展困局。

▌ 二、柳暗花明又一村：南庄村发展路径

穷则变。面对严峻的现实，南庄人创新思维，通过土地整合开发，破解发展瓶颈，解决发展难题，以超凡的勇气和魄力探索出助推农村发展"南庄模式"。

实施南拓新城区、门楼镇土地综合整治项目区以及全市农村集体产权制度改革试点，为南庄发展带来了前所未有的历史机遇。南庄人站在新的历史起点，重新审视自己，最终确定了走土地流转规模经营、培育职业农民、集中居住"三部曲"的发展路子。当前，该村集体收入达到 300 万元，村民人均可支配收入超过 2.8 万元。

（一）实施规模经营，发展休闲旅游和生态农业

南庄村通过土地入股、集体反租的形式，把全村所有土地集中规模经营，打造"魅力南庄"集体经济发展品牌，规划建设 4 个经济作物种植基地，1 个养殖基地以及 1 个休闲娱乐区等 6 大功能板块，分三期建设集特色美食、胶东民俗、休闲采摘于一体的现代旅游基地。种植基地主要开发休闲生态游、采摘游，商业休闲娱乐区承接游客吃、住、行消费，养殖基地向种植基地提供生物肥料，种植基地为养殖基地提供生物饲料，构建起了农业与服务业相结合、种养殖相统一的新型经营格局。一期（东山区片）收回土地 300 亩，其中包括蔬菜基地、大樱桃基地、商业休闲娱乐区，主要用于种植绿色无公害蔬菜、开发

现实版的"开心农场"。2017年，南庄村承接全市农村集体产权制度改革试点，顺利完成改革并组建南庄村股份合作社，发展潜力得到进一步释放。

（二）成立农业开发公司，培育职业农民

南庄村成立由村民集体入股的农业开发公司，下设综合开发、采购、财务3个部以及6支生产队，所有管理岗位均聘请有经验的专业人员担任，主要负责安排种养殖计划、技术指导、员工培训、品牌创建、开拓市场和生产资料采购等经营管理工作。每支生产队管理1个功能区，原土地承包经营者担任生产队员工。生产队实行财务独立核算，资金可以相互拆借，实行有偿借款、按期还款还息，提高资金周转和利用率。年终，公司根据每支生产队的生产经营情况，决定各队分红数额，并对不胜任的管理岗位、经营不善的生产队长重新调整。

（三）实施集中居住，改善农村生产生活环境

南庄村充分利用土地综合整治项目区的利好政策，借助镇驻地较为完善的基础设施优势，按照"适度集聚、节约用地、有力生产、方便生活"的原则，采取房地产开发捆绑集中安置的模式，先期投入3 000万元开发6栋高标准住宅楼，老百姓通过宅基地换楼房，实现南、北两个自然村集中居住。另外，集中居住区统一建有存放村民农机具、农作物等生产生活资料的库房；居民所需的生活用品全部由农业开发公司负责统一采购，所需费用从居民流转土地的股息、公司红利或工资中扣除。

三、一招妙棋满盘皆活：南庄村发展经验

变则通。"南庄模式"找准了农村发展的症结，有的放矢、对症下药，一些新矛盾、新问题迎刃而解，农村发展的路子宽了、顺了。

南庄人实施的强村富民"三部曲"，实现了村级经济的超常规发展，保证了农业增效、农民增收，改善了农村生态环境，提高了农民生活质量和居住水平，克服了农业小规模、分散经营的各种弊病。

（一）有利于加快农业结构调整

一家一户分散的小规模经营，农民缺少市场信息，把握不住市场动向，

种什么、养什么，具有很大的盲目性和随机性，家家搞生产、一家一个样，多是大路货、缺少名优特，无法握成"拳头"打市场，形不成品牌，缺少知名度，结果是投入高收入低。通过土地流转实现规模经营，农业经营的主体发生了变化，由农户变为了集体或公司，他们按照市场原则组织生产，大规模种植、养殖，集中力量开拓市场、创建品牌，使农地资源由低效生产转为高效名特优生产，改善了农业种养殖结构，促进了土地增产、农业增效。南庄村成片开发种植抗性强、价值高的名优果蔬品种，生产绿色无公害果蔬产品，并注重与市区农业局、旅游局、农科院等单位联系，邀请农业专家、教授对农业生产进行科技指导，大力发展观光型、休闲型农业，实现了农业产业化经营。

（二）有利于增加农业基础设施投入

当前，水、电、路等一些农业基础设施布局不够合理，保障能力不足，未能解决好通往田间的"最后一公里"问题，为农业生产带来了不便，限制了农业生产力发挥以及生产率提高。农民群众为保证生产，多数选择在自家田间地头修建方塘、蓄水池，自行购买输水管道、灌溉机械等农机设备，丧失了兴修、维护农业基础设施的积极性，加之相关部门后续管理工作不到位，导致原有农业基础设施年久失修，丧失了保障农业生产的应有作用。土地规模经营后，土地经营者为方便耕作、经营和管理，必须对农地进行大规模整理，对田、水、电、路等农业基础设施进行系统改造，以达到农业生产的基本要求，充分调动起了民间资本参与兴修农业基础设施的积极性，形成了对政府投资的有益补充。目前，南庄村已修缮田间道路 3 000 米，修建灌溉水渠 3 000 米、水塘 2 处，实现了"旱能浇、涝能排、田成方、路成网"的整理目标。另外，计划投资 80 万元购买大型农机具 9 台（套），提高机械化水平，全面改善农村生产条件。

（三）有利于加快推进小城镇建设

区委、区政府提出要加快推进城镇现代化与城乡一体化发展，实现城镇面貌脱胎换骨。小城镇建设涉及广泛，镇驻地村及周边村改造就是其中一项非常重要的工作。改造就必然要涉及征迁安置、集中居住等问题，农民对离开原居住地、"被上楼"非常敏感，抵触情绪很大，这其中有既得利益的因素，但更重要的是"上楼"改变了他们原有的生活方式，带来了耕作不方便、生产工具无处存放、农作物无地储存等问题，农民有后顾之忧。南庄村依靠规模经营，走农业产业化的路子，拓宽了农民的增收渠道，让农民由"务农"转为"务工"、由"农民"变为"工人"、由"村民"变成"居民"，种地已不再是他们谋生的手段，生活再无后顾之忧，变"赶农民上楼"为"请农民上楼"，集中居住变得超乎寻常的顺利，实现了"村庄改造"与"集中居住"和谐发展。

（四）有利于农村社会管理创新

加强和创新社会管理，是党中央作出的重大战略部署，是一项当前非抓不可、必须抓好的政治任务。社会管理说白了就是管住"人"、管好"人"，就农村来讲就是要管好村民。"南庄模式"重新架起了集体与农民之间联系的桥梁，改变了现有"井水不犯河水"的状态。南庄人有"职业农民"和"居民"双重身份，作为"职业农民"则是公司员工，要遵守公司的各项规章制度，作息有安排、行动有约束，改变了原本自由散漫的状态。工作中，相互之间协作配合、互帮互助，能够增进感情、拉近距离，有利于改善淡漠的人际关系。村集体还可以通过公司对农民进行集中教育，有利于上级方针政策、村集体事务的传达，能够增强村集体的凝聚力和号召力。另外，作为"居民"大家集中居住在一起，为开展群众性文化娱乐活动，提供了时间和空间上的保证，有利于发挥文化凝聚人心、促进和谐的重要作用，有利于营造和谐共处、积极向上的社会新风气。

（五）有利于村集体可持续发展

农业税取消以后，村级经济收入减少，一些村集体开始寻找增加村集体收入的渠道，但有些目光不够长远，只顾眼前利益，盲目地卖土地、建厂房、开矿山，靠吃子孙饭过日子，暂时增加了村集体的收入，却破坏了农村原有的生态环境，所得收入不足以抵消环境治理的再支出，结果是寅吃卯粮，越过越穷。南庄人用发展的眼光看问题，既看当前又顾长远，靠土地规模经营，发展"开心菜园"、农家乐、休闲采摘游，让农业搭上服务业的快车，以土地为基础向服务业要效益，既增加了村集体和农民收入，又改善了农村环境，预留了发展空间，一举多得，实现了科学发展、可持续发展。同时，南庄主动争取农村集体产权制度改革试点，归属清晰、权责明确、利益共享、保护严格、流转规范、监管有力的农村集体经济组织产权制度得以建立，给老百姓、投资者吃了定心丸，充分激发了南庄发展的内生潜力。

四、为有源头活水来：南庄村发展启示

通则久。"南庄模式"一经诞生就焕发出强大的生命力，重新激发了农村发展活力，它的内生驱动力是什么？对此，我们进行了深入思考，得到了几点启示。

三十年前的小岗村，一场轰轰烈烈的"大包干"拉开了农村改革的序幕，开创了农村发展的新天地。今天的南庄村，通过土地流转、集中居住区建设，为新形势下的农村发展趟出了一条新路子。同样是围绕土地做文章，一个"分"、一个"合"，不同的方式、一样的效果，原因在哪里？

（一）"南庄模式"的根本就是理顺了农村生产关系，最大限度地解放了农村生产力，让农民摆脱了土地的束缚

随着经济社会的发展，农村受制于城乡二元体制的束缚，大量发展要素处于"净流出"状态，年青劳动力大量涌入城市，土地被侵占或抛荒、弃耕，农村发展缺资金、缺技术、缺人才，传统发展模式举步维艰。实现规模经营后，集体统一投资整理土地，修建农业基础设施，实施机械化生产，专业化经营管理以及推广农业新技术、新成果、新品种，重新把土地、资金、人力和技术整合在一起，又为农村注入了新一轮发展活力，劳动生产率、土地产出效益双双大幅度提升，农村又重新"跑"上了发展快车道。更为重要的是通过土地规模经营，解放了农村生产力中最活跃的因素"农民"，让他们丢掉了原有的那种"面朝黄土背朝天"的传统生产模式，有了固定的租金、股息和红利收入，彻底摆脱了土地的束缚。如今的他们亦农、亦工、亦商，发展的空间大了、就业的机会多了、增收的渠道多了，多劳多得、少劳少得，真正把生活牢牢攥在了自己的手中，发展的积极性被极大地激发出来。

（二）"南庄模式"的基础就是解放思想、统一认识，让大家心往一处想、劲往一处使，凝聚共谋发展的整体合力

南庄村推行规模经营并非一帆风顺。开始时，老百姓受自身认识水平低的限制，对规模化经营的模式并不认同，甚至在村"两委"班子成员中也有人对该模式持怀疑态度，一时间各种杂音不绝于耳。为此，村党支部书记、村委会主任彭利民，先从转变村"两委"班子成员的思想入手，多次组织村"两委"成员到龙口市南山村、邹平县西王村等地观摩考察，学习他们的先进发展经验和经营理念，让大家认识到因循守旧、固步自封没有出路，只有解放思想才可以发展、只有解放思想才能够发展。随后，先后召开20多次全体村民或村民代表会议，通过摆事实、讲道理，反复为群众分析发展形势和发展趋势，讲解什么是规模经营、为什么要规模经营、怎样搞好规模经营，让群众明白土地规模经营不是为了哪一个人而是为了全体老百姓。通过耐心细致的工作，最终取得了群众的理解和支持。好事多磨，思想工作做通了，群众参与的积极性非常高，可南庄村目前没有能力接收全部土地，只能分批进行、分步实施，为防止打击群众支持发展的积极性，村"两委"一班人又苦

门楼镇南庄村鸟瞰图（福山区农业农村局供图）

口婆心地做一些群众的工作，告诉群众发展要讲规律、要脚踏实地，在取得群众充分理解后暂时退还了部分土地。

（三）"南庄模式"的动力就是产业升级，将第一产业的链条延伸到第三产业，让农民在更多的产业领域增加收入

"姜你军""蒜你狠""豆你玩"等事实一再证明，发展农业生产、增加农民收入，就农业抓农业不行，就种养业抓种养业也不行，必须注重农业由单一功能向多元功能转变。南庄村通过土地流转规模经营，实现了农地"承包权"和"经营权"分离，有效保证了农业生产基础设施、科技、信息、管理等重要因素投入，发展农业休闲游、采摘游、农家乐，把第一产业的链条延伸到了第三产业，实现了两种产业的高效整合，让农民从土地、市场、流通、服务等多个环节中分享利润，最大限度地挖掘土地产出效益，保证并很好地实现了集体、农民双方利益。以南庄村开发"开心菜园"为例，消费者认领菜园需要支付认领费用，认领费用包括：农用水电费、作物良种费、作物果实作价，如需工人代管还需另付代管费。这样，农产品自己定价不受市场限制，节约了劳动力、水肥等生产成本，公司除提供土地外，不需要花一分钱就可以获得丰厚的收入。另外，消费者还为娱乐休闲区带来了大量的人流和资金流。2018 年，仅大樱桃栽培基地产出樱桃 10 万千克，综合收益就高达200 万元，入股村民每亩至少获得 3 万元的分红，收入相当可观。

（四）"南庄模式"的关键就是有一个好的带头人，真心实意地团结带领全村群众，走共同富裕的路子

经济学中有个"雁阵效应"的理论，即"领头雁"飞得高且远，周边的雁也会飞得更高远。村党支部书记就是群众的"领头雁"，必须要担当起富民强村的主体责任，带领广大群众一起，通过诚实劳动、合法经营，逐步实现共同富裕。南庄村党支部书记、村委会主任彭利民，是个懂经营、会管理的能人，未当村干部之前自己的日子过得非常红火，是被村里人请回来当书记的。彭书记说，"大伙相信我，把我推到这个位置上，我就必须要为大伙干点事，干点实实在在的事"。上任后，彭书记为制定村里的前景规划和远期目标，自掏腰包出资 28 万元，聘请北京华特设计公司，对南庄村进行了高起

点、高标准规划设计，力争让南庄村 3 年内有起色，5 年内有个大变样。彭书记以群众为重，敢于负责、敢于碰硬，带领村"两委"一班人，解决了很多群众关心的急事、难事。村内乱搭乱建现象严重，彭书记顶着巨大的压力，一口气拆掉了全村所有的违章建筑。南庄村的坟地非常散乱，经测算如果集中安葬的话可以节约 200 多亩土地，为了土地规模经营，彭书记又动员大家把坟地迁至公墓集中安葬。这两件事，在南庄村引起了不小的反响，有人说彭书记因为这两件事得罪了不少人，会在村"两委"换届选举中吃亏。对此彭书记一点也不在乎，他说："只要你没有私心，一心一意为大伙着想，大伙就会理解你、拥护你。"事实证明，彭书记是对的，在历次换届选举中，彭书记都是以高票当选。彭书记把权力看得很淡，他常说，"权力不是我自己的，是群众给的"，上任以来始终坚持一事一议，放权于民，群众参与议事的积极性越来越高，原本议事想找个人都难，现在议事群众踊跃参与，办公室坐不下就把会场搬到了院子里。"要干事就必须取得群众支持，群众不支持所有事都无从谈起"，彭书记是这样说的，也是这样做的。

推进三产融合发展　助力乡村产业振兴

——北城村"点海成金"富民强村

近年来，长岛综合试验区北城村党支部一班人团结带领党员群众，深掘优势海洋资源促转型升级，深入推进三产融合，形成一二三产并举发展格局，让村级集体经济"破茧成蝶"，走出了一条"点海成金"的富民强村之路。

▎一、聚焦扇贝养殖传统优势，夯实产业发展基础

北城村现有村民 460 多户，近 1 300 人。其中从事栉孔扇贝养殖 130 多户，栉孔扇贝养殖面积 1 万多亩，占整个长岛综合试验区栉孔扇贝产量的 80% 左右。北城村党支部于 2012 年 9 月倡议发起成立了长岛北城渔业专业合作社，确立以村党支部为核心，建立"合作社＋养殖户"的集体购苗、技术指导、收购和销售"一条龙"服务体系，推行"党支部＋合作社＋基地＋养殖户"的产业专业化、集约化、规模化发展思路。破解了以往"单打独斗"的发展瓶颈，形成了发展壮大集体经济的强大合力，实现了渔民社员"抱团"闯市场。随着合作社的发展壮大，本村社员户数由成立之初的 50 多户发展到现在的 163 户；在将嵩前村、花沟村养殖户吸收入社的基础上，2018 年北城渔业专业合作社又积极与黑山乡进行沟通合作，将 85 户养殖户的扇贝货源也吸收到北城渔业专业合作社。2019 年北城渔业专业合作社实现销售收入 1.48 亿元，养殖渔户户均收入 80 余万元，养殖扇贝已成为当地渔民群众增收致富、推进乡村振兴的主导产业。北城村渔业专业合作社自成立运转至今，先后被授予"烟台市渔民十佳专业合作社""山东省渔业专业合作社省级示范社""国家农民合作社示范社"等荣誉称号。

北城村委会大院（烟台市农业农村局供图）

二、聚焦水产加工提质增效，拓宽拉伸产业链条

注册资本 3 260 万元成立成晟水产有限公司，打造集水产加工、销售，海水养殖，休闲渔业，国际贸易等项目于一体的龙头企业。2013 年以来，共筹资 2.6 亿元建设北城扇贝加工厂并进行升级改造。由最初仅有 2 条生产线、每天 20 个小时仅能加工 13 万斤扇贝，发展到如今冷库容量 4 000 吨、配备单冻机 22 台、扇贝加工生产线 13 条、改造扇贝加工场地 20 000 平方米、日最大扇贝加工能力达到 350 万斤、最大单冻能力 400 吨，实现了扇贝的统购、统价、统售，有力地促进了全乡乃至全区扇贝养殖和加工产业的健康快速发展。2020 年开工前，又投资 3 500 多万元对扇贝蒸煮等全线生产设备进行检修升级，修缮加固了渔港码头，扩建改建扇贝收获作业线，整体提升扇贝加工的工艺和品质，提高扇贝生产收获效率。2018 年成晟公司注册"北城红贝"商标，成功获得国家地理标志产品称号，取得了食品许可证。2019 年，成晟水产有限公司加工带壳扇贝 2 250 万千克，为村集体增加收入 2 600 万元。直接提供 300 个以上的就业岗位，人均月工资 5 000 元以上。2020 年，合作社收购活鲜扇贝 2.63 万吨，扇贝肉加工达到 8 000 吨，销

往全国近 500 家超市、酒店、批发市场，真正实现了"一带二、二促一"的产业联动。

三、聚焦三产融合并举发展，打造经济发展新引擎

按照渔业＋文化＋旅游联动发展模式，加快推动发展休闲渔业和乡村旅游业。一是打造南海滩休闲度假区。投资 400 余万元完成岸线整治、沙滩平整，完善规划设计，建设涵盖沙滩旅游、海上娱乐等内容的高端旅游度假区。二是打造文化一条街。邀请中国乡建院对乡北城村村委会路段进行设计，投资 600 余万元，完成街道立面改造、"村眼"回廊、音乐喷泉等建设，突出了海岛文化和渔家特色。三是成立海上游股份有限公司。注册 1 500 万元，成立全区首家党支部领办的海上小型游艇股份有限公司，整合了全区 35 条12 座以下摩托艇。四是建设省级现代渔业海上牧场。投资 1 300 万元，建设省级现代渔业园区，投建休闲垂钓鱼礁群，制作投放聚鱼型构件礁 3 000 个，形成海上游钓区 2 万空立方米。五是打造高端民宿区。为进一步推进"渔家乐"提档升级，拟在村内西侧区域建设 80 套高端民宿，带动周边"渔家乐"向高端民宿客栈转型升级。通过整合全村旅游资源，初步形成了以文化街、南海岸、海上游艇、水产品加工基地、海上休闲垂钓园为一体的乡村旅游休闲观光产业链。多年来，共培育传统"渔家乐"90 余家、餐饮业 10 余家，吸纳转产渔民 160 名，建立适合渔民素质特点、收入可观的乡村旅游岗位 50 处以上，户均休闲旅游年收入 30 万元以上。北城村先后获"2011 年度市级文明村""2016 年度中国美丽休闲乡村""2017 年度省级文明村镇""2019 年度山东省美丽休闲乡村"等荣誉称号。

工农互促　城乡互补

——朱旺临海渔村的乡村振兴之路

莱州市朱旺村坐落于美丽富饶的渤海湾畔，全村共有居民 1 680 户、4 013 人，是莱州市第二大村。村庄先后被评为"中国十佳小康村"、山东省和烟台市"文明村"、"烟台市基层党建示范单位"。村党委书记滕春竹先后被评为山东省、烟台市、莱州市"优秀共产党员""山东省劳动模范""山东省担当作为好书记"。从 1999 年以来的近 20 年间，朱旺村走出了一条"坚持党的领导、发展集体经济、实现村民共富"的发展之路。进入新时代，朱旺村全面驶入乡村振兴"快车道"。

█ 一、让党掌舵不偏航：全面发挥党建的引领作用

20 世纪 90 年代末，面对集体企业改制大潮，朱旺村的村办企业也到了生死存亡的重要拐点，村集体负债 100 多万元。新一届村"两委"经过多方论证，没有采取全部卖掉扔包袱的方案，通过召开党员、村民代表会议，形成了卖掉负债重、前景差的企业，村集体经营运转好、前景好的企业的决议。朱旺村保住了集体经济发展的"火种"。20 年来，村"两委"成员严格实行分工负责制，每天早上雷打不动召开碰头会。严格落实"三会一课"、主题党日等党内组织生活制度，党员与会率平均达到 90% 以上。组织党员开展"亮身份、践承诺、比奉献"活动，党员带头，群众、企业自发捐款近 600 万元用于修建文体广场、河道等基础设施，文体广场树木全部是由党员带头、群众积极参与捐栽认领。

▌ 二、发展集体不改道：集中优势资源办产业

　　临海是朱旺村的一大优势，但坚持发展集体经济不动摇的思想观念是朱旺村的最大优势。1999 年，面对严峻的发展形势，村"两委"成功引进附加值高、市场前景好的新型鱼种——大菱鲆，实行工厂化养殖，建立了全国最早、规模最大的大菱鲆养殖基地，年产值高峰时达到 1.5 亿元，每年为村集体增加收入 200 多万元。集体经济成功起步后，朱旺村发挥区位和临海优势，提出"两建"思路，积极培育新的经济增长点。一是建园区。规划建设了占地 2 000 亩的凤凰工业园，成功吸引 8 家企业入园建厂，年产值近 30 亿元，解决就业 5 000 多人，每年可为村集体增收 200 多万元，为村民增收 700 多万元。二是建港口。投资 1.3 亿元，建设投用了 2 个 3 000 吨级、2 个 10 000 吨级散杂货码头泊位，与烟台港合作开展集装箱转运业务，

朱旺村（莱州市农业农村局供图）

年吞吐量达到 10 万标准箱。现在的朱旺村每年的集体收入都在 1 200 万元以上，形成了各家企业、各类产业良性互补、互促共进的"小生态"，村庄发展走上了多业并举、产业振兴的快车道。

三、全民致富不掉队：坚持走共同富裕道路

集体经济的发展壮大，离不开群众的支持参与，同样集体经济发展的成果，也必须由群众来共享。目前，全村 80% 的村民已经改变了传统的农业生产方式，成了农村的"上班族"。2007 年，党组织带头成立了朱旺水产养殖合作社，合作社为养殖户提供产、供、销一体化服务，每年为养殖户减少成本 50 多万元，目前入社股民 200 多户。2008 年，朱旺村对山东朱旺港务公司进行股份制改造，采取广泛合作、自愿入股的形式吸收村民入股，并为每位村民免费发放 1 000 股，每年股利分红加村集体福利分红达 800 多万元。在民生事业方面，先后投资 2 600 万元，对村内外道路全部进行了硬化、绿化、美化和亮化，解决出行难问题；建设"海天乐园"小区解决大龄青年结婚用房问题；投资 800 万元建设文化广场和文化大院；投资 1 200 万元清淤绿化朱旺河；拿出 70 亩土地、现金 500 万元，建设了一处集幼儿、小学、中学为一体的九年一贯制的公办学校，解决了村民和园区企业职工子女上学难问题。

四、良好村风不失传：推动孝义道德建设

为在全村营造尊敬老人、孝敬老人的浓厚氛围，朱旺村通过设立宣传栏、广播喇叭、每户发明白纸等形式进行宣讲，签定公民道德责任状进行约束，制定评比好媳妇、好婆婆、五好家庭的标准进行激励，多措并举，年初定、年终评，让村民看得见、摸得着，让孝敬的儿女受到村民的尊重。该村建立了道德评议机构，定期开展道德评议活动，评选"好儿女""好媳妇"，评出孝敬老人的"好儿女"，大张旗鼓地表彰；设立了宣传栏，宣传孝敬老人的正面例子，曝光"不孝"的反面例子，引导人们自觉尽孝。

站在新时代展望新未来。朱旺村深度融合村庄鲜明特色，依托长寿村

这个"金字"招牌，成功引进了烟台杰瑞集团，规划建设占地面积 370 亩、总投资 10 亿元的"杰瑞朱旺康养服务中心乡村旅游文化项目"，达产后可入住人数 2 000 人，年接待人数 5 万人，成为辐射胶东半岛的老年旅游休闲养老中心。勤劳质朴的朱旺人，正以苦干实干的态度，不忘初心，牢记使命，在迎接幸福生活的大路上意气风发，阔步前行。

图书在版编目（CIP）数据

烟台市乡村振兴蓝皮书.2020 / 烟台市·中国社科
院农村发展研究中心，山东工商学院山东特色乡村振兴战
略研究创新团队组编；常亮等编著. —北京：中国农
业出版社，2021.11
　　ISBN 978-7-109-28954-3

Ⅰ.①烟…　Ⅱ.①烟…②山…③常…　Ⅲ.①农村–
社会主义建设–研究报告–烟台–2020　Ⅳ.
①F327.523

中国版本图书馆CIP数据核字（2021）第241239号

中国农业出版社出版

地址：北京市朝阳区麦子店街18号楼

邮编：100125

责任编辑：郑　君

版式设计：王　晨　　责任校对：沙凯霖

印刷：北京通州皇家印刷厂

版次：2021年11月第1版

印次：2021年11月北京第1次印刷

发行：新华书店北京发行所

开本：787mm×1092mm　1/16

印张：14.5

字数：260千字

定价：89.00元